KB210149

성서는 변혁이다

성서 연구의 새로운 패러다임을 향하여

월터 윙크 지음 · 강성윤 옮김

The Bible in Human Transformation

성서는 변혁이다

성서 연구의 새로운 패러다임을 향하여

월터 윙크 지음 · 강성윤 옮김

비아

| 차례 |

2010년 판 서문   *7*

서문   *13*

1. 성서 비평의 파산   *19*

  1. 역사 비평과 본문의 의도는 상응하지 않는다.   *20*

  2. 객관주의라는 이데올로기는
     역사 비평을 기만적인 의식에 빠뜨렸다.   *24*

  3. 성서 연구는 기술주의의 포로가 되었다.
     기술주의는 자신의 방법으로 답할 수 있는
     물음만이 정당하다고 여긴다.   *29*

  4. 성서 비평은 그 성과를 의미 있게 받아들일
     공동체로부터 괴리되었다.   *31*

  5. 성서 비평을 탄생시킨 역사적 상황은 변했다.
     오늘날 상황에서 현재 작동되고 있는 성서 비평은 쓸모가 없다.   *33*

2. 성서 연구의 패러다임은 변화하고 있는가?   41

3. 성서 연구의 새로운 패러다임을 위하여   47

  1. 융합   49

  첫 번째 부정 – 융합의 부정   50

  2. 거리 두기   57

  두 번째 부정: 부정의 부정   65

  3. 친교   112

결론   135

후기(마커스 보그)   141

부록: 네가 본 것을 기록하라   149

월터 윙크 저서 목록   178

일러두기

· * 표시는 독자의 이해를 돕기 위해 옮긴이와 편집자가 단 주석입니다.

· 성서 표기는 원칙적으로 『공동번역개정판』(1999)을 따르되 인용은 원서 본문에 가까운 번역본을 사용했습니다.

2010년 판 서문

이 책이 처음 출간된 지 거의 40년이 흘렀다. 나는 사람들이 성서를 연구하는 방식에 변화가 일어나기를, 그렇게 해서 그들의 삶에 변혁이 일어나기를 바라며 이 책을 썼다. 그리고 이 목표를 어느 정도는 이루었다고 생각한다. 많은 사람이 내 제안에 긍정적으로 응답해 주어 기뻤고 비평가들의 날카로운 반응에도 용기를 얻었다. 그런 반응은 그들이 내 제안에 진지하게 주의를 기울였다는 뜻이니 말이다.

40년이 흘렀지만, 성서 읽기에 활력을 불어넣고 싶다는 내 소망은 바뀌지 않았다. 달라진 점이 있다면, 남아프리카 공화국과 칠레 국민이 독재 치하에서 억압받는 모습을 가까이서 보았고, 빈곤과 고통에 시달리는 이들과 깊은 관계를 맺게 되었다는 것이다. 이 일들을 겪은 뒤, 성서가 전하는 복음을 열어 세계에 자유와 희망을 전하고 싶다는 내 소망은 더욱 간절해졌다. 그래서 나는 예수가 가르친 비폭력과 "이미 있는 권세들"(로마 13:1)이 맞부딪칠 때 일어나는 일을 다루는 데 저술 활동을 집중했다. 이 과정에서 다양한 정치 문제뿐만 아니라, 정신적 차원에서 "이미 있는 권세들"이, 이를테면 소수자들을 대하는 사람들의 태도에 영향을 미치는 방식을 다루었다. 이 모든 노력은 인류를 속박으로부터 자유롭게 만들고 싶다는 소망에서 비롯했다.

많은 사람이 온 인류의 자유라는 목표를 공유한다. 하지만 예수는 단순히 우리가 자유로워져야 한다고 가르치지 않았다. 그는 우리가 인간이 되어야 한다고 가르쳤다. 복음의 핵심은 온전한 인간이 되라는 것이다. 억압, 빈곤, 고통은 우리에게서 온전한 인간이 될 자유를 빼앗는다.

여러 목회자와 청소년 지도자, 교육자가 내가 제안한 새로운 방법을 받아들였다는 점은 분명 기쁜 일이다. 하지만 예수의 가르침을 이해하는 내 방법을 여러 성서 연구 방식 중하나로 여길지도 모른다는 점이 염려되기도 한다. 내가 바라는 것은 성서 읽기와 연구 방식 자체가, 그 패러다임이 바뀌는 것이기 때문이다. 책 초판에서 나는 근대주의와 근본주의 사이에서 일어나는 논쟁에 관심을 두지 않을 것이라고 적었지만, 이 논쟁은 여전히 계속되고 있다. 이 논쟁은 온전한 인간으로 나아가는 우리의 여정을 방해하고, 그 길을 걷기 위해 기울여야 할 우리의 주의를 흩트린다.

이 책에 대한 과거의 평가들에 일일이 답하지는 않겠다. 그보다는, 성서에 다른 방식으로 다가가야 한다는 내 호소에 다시금 귀 기울여 주었으면 한다. 21세기가 시작된 지금 내 소망은, 이 책의 재출간을 계기 삼아 이 책과 『참사람』The Human Being에서 제기한 물음들을 독자들이 숙고해 보는 것이다.[1] 성육신한 하느님으로 예배받기 전에, 예수는 하느님을 성육신하기 위해 어떻게 분투했는가? 모든 치유의 원천으로 여겨지기 전에, 예수는 모든 치유의 참된 원천인 하느님에게 어떻게 다가갔으며, 제자들에게는 어떻게 다가가라고 가르쳤는가? 인류는 오로지 예수의 십자가를 통해서 용서받는다고 알려지기 이전에 예수는 사람들이 어떻게 용서받는다고 이해했는가? 사람들이 하느님 나라를 (예수가 단호히 거부했을 법한) 현세의 보상으로 주어지는 내세, 온갖 정치적 기호로

---

[1] Walter Wink, *The Human Being: Jesus and the Enigma of the Son of Man* (Minneapolis: Fortress, 2002) 『참사람』(한국기독교연구소)

장식된 유토피아로 상상하기 이전에 예수가 선포했던 임박한 하느님 나라는 과연 무엇을 뜻했는가? 예수와 구세주를 동일시하기 이전에, 예수는 구세주라는 존재의 심오한 의미를 어떻게 받아들였는가? 하느님과 인류 사이의 유일한 중재자가 되기 이전에, 예수는 하느님의 현존을 어떻게 경험하고 하느님과 어떻게 관계를 맺었는가?[2]

뉴저지 글래스보로 로언 대학교의 명예 교수인 친구 토머스 미카엘Thomas Michael 박사에게 감사를 전한다. 그는 이 서문을 쓰는 데 많은 도움을 주었다. 투병하는 동안 내 곁을 지켜 준 모든 사람에게도 감사를 전한다. 독자 여러분도 이 물음들을 탐구하는 내 여정에 함께해 주기를 소망한다.

---

2 Walter Wink, *The Human Being: Jesus and the Enigma of the Son of Man*, 2.

서문

이 책은 특정 배경에서 나왔다. 그렇기에 이 책에서 하는 주장은 일반적으로 적용하기는 어렵지만, 특정 정황에는 적절함과 유의미함을 지닐 수 있다. 이 책은 진보적인 개신교 신학교에 몸담은 백인 남성이 미국 신학계를 겨냥해 썼다. 이 책은 이 땅에 번성하고 있는 잘못된 학문 방법에 저항하는 하나의 목소리, 하느님과 인류에 기대어 저항하는 합창의 일부를 이루는 하나의 목소리다. 나는 제임스 스마트James Smart*, 제임스 M. 로빈슨James M. Robinson**, 폴 미

---

* 제임스 스마트(1906~1982)는 미국의 장로교 목사이자 신학자다. 토론토 대학교, 녹스 칼리지, 마르부르크, 베를린 대학교에서 신학과 구약

니어Paul Minear*, 아모스 와일더Amos Wilder**, 로버트 펑크Robert

을 공부했으며 토론토 대학교에서 박사 학위를 받았다. 녹스 칼리지,
이위트 칼리지를 거쳐 1957년부터 1971년까지 뉴욕 유니온 신학교에
서 성서학을 가르쳤다. 신학과 교회를 연결하는 그리스도교 교육의
필요성을 역설했으며 그중에서도 성서 읽기의 역할을 강조했다. 주요
저서로『교회의 교육적 사명』The Teaching Ministry of the Church(대한기독교교
육협회),『현대 신학의 분열된 정신』The Divided Mind of Modern Theology 등이
있다.

** 제임스 M.로빈슨(1924~2016)은 미국의 장로교 목사이자 신약학자다.
데이비슨 칼리지, 컬럼비아 신학교, 바젤 대학교를 거쳐 프린스턴 신
학교에서 박사 학위를 받았다. 에모리 대학교를 거쳐 은퇴할 때까지
클레어몬트 신학대학원에서 교수로 활동했다. 국제 콥트협회의 창
시자로서 사해 문서, 나그함마디 문서, Q 문서 연구의 권위자로 평가
받는다. 주요 저서로『유다의 비밀』The Secrets of Judas,『언어, 해석학, 그
리고 역사』Language, Hermeneutic, and History,『나그함마디 이야기』The Nag
Hammadi Story 등이 있다.

* 폴 미니어(1927~2007)는 미국의 신약학자다. 아이오와 웨슬리안 칼리
지, 게렛 신학교를 거쳐 예일 대학교에서 박사 학위를 받으며 이후
게렛 신학교를 거쳐 1956년부터 은퇴할 때까지 예일 대학교 신학대
학원에서 교수로 활동했다. 신개정표준판New Revised Standard Version 성
서 번역위원으로 참여했으며 주요 저서로『예수와 그의 백성』Jesus and
His People,『신약성서에 나온 교회의 모습들』Images of the Church in the New
Testament 등이 있다.

** 아모스 와일더(1895~1993)는 미국의 신학자이자 목사, 시인이다. 예일
대학교에서 학사, 석사, 박사 학위를 받았으며 시카고 대학교를 거쳐
1954년부터 은퇴할 때까지 하버드 대학교 교수로 활동했다. 주요 저
서로『예수의 가르침에 나타난 종말론과 윤리』Eschatology and Ethics in the
Teaching of Jesus,『신학과 현대문학』Theology and Modern Literature 등이 있으
며 시집으로는『아라크네』Arachne를 남겼다.

Funk*, 브레바드 차일즈Brevard Childs**와 같은 편에 서서 외친다. 하지만 나는 내 나름의 길을 가야만 했다.

이 책은 원래 소책자로 낼 계획이었다. 하지만 안타깝게도 어느 곳에서도 소책자를 출판하고 싶어 하지 않았기 때문에 나는 출판계의 사정에 맞추어 몇 쪽을 더 쓸 수밖에 없었다. 물론 추가한 내용도 충분히 상세하지는 않다. 초고를 읽은 이들 중 다수는 이 책에서 간략하게만 제시한 방법을 적용한 사례 연구를 담은 후속작을 써 달라고 요청했다. 나 역시 그런 기회가 오기를 바란다. 이 책은 강령의 골자만 있는

---

* 로버트 펑크(1926~2005)는 미국의 성서 학자이자 예수 세미나의 설립 자다. 버틀러 대학교와 그 부속 학교인 그리스도교 신학교에서 신학을 공부했고 밴더빌트 대학교에서 박사 학위를 받았다. 이후 밴더빌트 대학교 종교학과 학장과 북미성서학회 사무총장을 역임했다. 1985년 존 도미닉 크로산과 함께 역사적 예수를 연구하는 이들의 모임인 예수 세미나를 주도했으며 그리스도교 문헌에서 실제로 예수가 한 말과 행동을 가려내려는 시도로 여러 논란을 일으켰다. 주요 저서로 『예수에게 솔직히』Honest to Jesus(한국기독교연구소), 『예수의 행동』The Acts of Jesus, 『신뢰할 만한 예수』A Credible Jesus 등이 있다.

** 브레바드 차일즈(1923~2007)는 미국의 구약학자다. 미시간 대학교, 프린스턴 신학교에서 공부했으며 바젤 대학교에서 박사 학위를 받았다. 1958년부터 1999년까지 예일 대학교에서 구약학을 가르쳤다. 성서 정경에 초점을 맞추는 성서 해석 방식인 이른바 '정경 비평'의 선구자로 20세기 성서학 분야에 커다란 영향을 미쳤다. 주요 저서로 『성경 신학의 위기』Biblical Theology in Crisis(CH북스), 『구약 정경 개론』Introduction to the Old Testament as Scripture(대한기독교서회), 『성경 신학』Biblical Theology 등이 있다.

강령이며 선언의 얼개만 담은 선언이다. 하지만 나는 이 책이 올바른 방향을 향하고 있다고 믿는다. 바로 인간의 삶을 변혁하는 성서 연구 방법을 제시하는 것이다.

이 책에서 나는 성서 비평의 승리, 근대적 비판 의식의 승리를 전제했다. 물론 비평 이전의 사고방식이 여전히 많이 남아 있다는 사실은 알고 있다. 이러한 가운데 반동적 교리주의자들이 자유로운 탐구의 권리, 경험적 방법을 억압하기 위해 내 주장을 가져다 쓰지는 않을까 우려되는 것도 사실이다. 우리는 모두 각자에게 주어진 공간에서 가쁘게 숨 쉬고 있다. 하지만 근대주의와 근본주의 사이의 논쟁이 잘못된 토대에서 출발했다는 내 생각이 맞다면, 이 논쟁에 관심을 두지 않고 다른 방향을 모색하더라도 무책임한 태도는 아닐 것이다.

이 책을 쓰는 동안 헨리 모투Henry Mottu, 데이비드 로츠 David Lotz, J. 루이스 마틴J. Louis Martyn, 톰 드라이버Tom Driver, 비벌리 해리슨Beverly Harrison, 시릴 C. 리처드슨Cyril C. Richardson, 조지 란데스George Landes, 제임스 버글랜드James Bergland, 로버트 E. 닐Robert E. Neale, 윌리엄 A. 심슨William A. Simpson을 비롯한 유니온 신학교 동료들의 신랄한 논평과 기분 좋은 격려는 큰 힘이 되었다. 칼 융Carl Jung의 심리학 전통 위에 서 있는

분석가들인 엘리자베스 B. 하우스Elizabeth B. Howes와 쉴라 문 Sheila Moon은 원고를 읽으면서 통찰력 있는 지적을 남겨 주었고, 샌프란시스코의 심리학연구협회에서 안식년을 보낼 수 있도록 배려해 주었다. 안식년을 허락해 준 유니온 신학교와 미국 신학교협회에도 감사를 표한다.

성서 비평의 파산

> 바다 한가운데에서 갈증으로 죽는 것은 끔찍한 일이다.
> 그대들은 진리가 갈증을 해소시키지 못하도록 그것을 소
> 금에 절여두어야만 하는가?
>
> - 프리드리히 니체 Friedrich Nietzsche

역사 비평은 파산했다. 말 그대로 '파산' bankrupt 했다. 파산
한 회사가 곧 무가치한 회사, 쓸만한 제품을 생산하지 못하
는 회사는 아니다. 파산한 회사도 고가의 물품, 잘 훈련된 직
원들, 나쁘지 않은 평판을 갖출 수 있다. 그리고 파산 선언
직전까지는 비교적 건실해 보이는 외관을 갖추고 있다. 파산

한 회사의 단 한 가지 잘못된 점은 회사가 본연의 목적을 더는 달성할 수 없다는 데 있다. 돈을 버는 것 말이다.

바로 이런 의미에서 역사 비평이라는 방법은, 특히 그 방법이 성서 연구에 적용되는 경우 완전히 파산했다고 말할 수 있다. 역사 비평은 자신의 방법으로 해결할 수 있을 것 같은 모든 물음과 관련해 무수한 연구를 쏟아 냈고, 여전히 다양한 가능성을 품고 있다. 성서 비평, 그중에서도 역사 비평이 놀라운 성취를 거둘 수 있음은 앞선 시대에 충분히 입증되었다. 유능하고 잘 훈련된 수백 명의 연구자가 역사 비평 방법론을 따른다. 역사 비평은 더 내놓을 것이 없다거나 더 탐구할 영역이 없어서 파산한 것이 아니다. 역사 비평 본연의 목적을 달성하지 못하기 때문에 파산한 것이다. 그 본연의 목적이란 성서 해석을 통해 과거를 생생히 되살리고 우리에게 개인적, 사회적 변혁의 새로운 가능성을 제시하는 것이다. 역사 비평은 어쩌다 이 지경에 이르렀는가? 몇 가지 이유를 들어보겠다.

1. 역사 비평과 본문의 의도는 상응하지 않는다.

신약성서 저자들은 자신들을 신앙으로 이끈 사건들을 증언했다. 그들은 "신앙에서 신앙으로", 독자의 신앙을 불러일으키고 북돋기 위해서 성서 본문을 썼다. 역사 비평 또한 겉으로는 이런 의도에 반발하지 않으며, 수 세기가 지난 오늘날에 성서를 읽는 독자도 신앙할 것인가 신앙하지 않을 것인가 결정할 수 있도록 돕겠다고 약속한다. 그러나 실제로 그렇게 하는 경우는 몹시 드물고, 여기에는 그럴 만한 이유가 있다. 오늘날 수행하는 학적, 역사적 탐구의 본질은 연구 '대상'object을 두고 가치 판단을 내리거나 대상에 참여하기를 거부하는 태도이기 때문이다. 신앙의 문제에서 이렇게 거리를 두는 중립적인 태도는 중립이 아니라 본문에 응답하지 않겠다고 미리 결단하는 것이다. 이런 탐구 방식에서 진리와 의미에 대한 물음은 처음부터 배제된다. 신앙에서 진리와 의미 물음은 참여를 통해서만, 본문의 초대에 대한 삶의 응답을 통해서만 답할 수 있다. 이런 물음을 배제하지 않는다고 해도, 역사 비평은 '진리'truth를 한낱 '사실'fact로 격하하고 본문을 알기 쉽게 풀거나 설명한 것을 본문의 '의미'meaning라고 주장한다.

이러한 '객관적 중립성'objective neutrality 때문에 성서가 답하고자 하는 물음의 존재는 지워지고 만다. 특정한 대답을 기대하지 않는 물음만 던지면서 그런 대답이 나오길 바랄 수 있겠는가? 우리의 방법론이 의미를 밝히기 위해 고안되지 않았기 때문에 의미가 드러날 가능성은 문제를 진술하는 과정에서 이미 차단된다. 우리는 삶에 관한 통찰을 얻기 위해 본문을 들여다보기 시작하지만, 머지않아 우리의 방법은 본문이 말한 곳에서 한참 떨어진 장소로 우리를 끌고 간다.

이렇게 대상과 거리를 두고 가치 중립적, 몰역사적 관점을 취할 수 있다는 생각은 물론 망상이다. 인간의 모든 학문 활동은 일정한 메타 경험, 존재론, 형이상학과 그것으로부터 도출된 가설 위에서 진행되기 때문이다.

> 결단하지 않는 사람은 곧 아무런 문제의식도 없는 사람이며, 문제를 설정하고 역사 속에서 그 해답을 찾는 데 필수적인 잠정적 가설조차 세울 줄 모르는 사람이다.[1]

역사 비평도 이런 메타 경험의 토대에 은밀하게 의존했다. 역사 비평은 이성과 진보에 대한 믿음, 소박 실재론naïve realism이라는 존재론을 바탕으로 이루어진다. 진보에 대한 믿음을 바탕으로 삼은 역사 비평 방법은 사상과 제도가 현대라는 역사적 정점에 도달하기까지 발전해 온 과정을 상세히 서술하

---

[1] Karl Mannheim, *Ideology and Utopia* (New York: Harcourt, Brace & World, 1936), 89. 『이데올로기와 유토피아』(김영사)

는 수단이 되었다. 이런 점을 고려하면 '객관적 입장'이란 결국 우리가 서 있는 역사적 조건을 의미하며, 여기서 중립성이나 대상과의 거리 같은 것은 찾아볼 수 없다.

역사 비평은 성서의 권위를 깎아내리는 데 상당한 관심을 기울였고, 종교 전통의 신비를 벗겨 내기 위한 이념적 배경을 제공했으며 탐구의 도구로 무신론을 필요로 했다는 점, 탐구 대상을 지배하려 한 역사 비평의 시도는 사탄 신화나 파우스트 전설과 유사하다는 점을 앞으로 살펴볼 것이다. 지금은 '대상과 거리 두기'라는 허구로 인해 무엇보다 중요한 본문 내용과의 관계 맺기가 불가능해졌다는 점만 강조해 두겠다. 역사 비평은 '나의 실존'과 본문이 거리를 두게 만든 다음 본문을 대상화된 과거라는 심연으로 던져 버렸다. 이때 과거는 무한히 퇴행한다. 무수한 연구로도 이를 되돌릴 수는 없다.

성서 저자들은 자신의 과거와 이런 식으로 마주하지 않았다. 그들은 자신이 가는 길에서 끊임없이 과거에 말을 걸고, 물음을 던지고, 도전하고, 맞부딪쳤다. 그러나 역사 비평 연구자들은 이 길에서 비켜났기 때문에 과거가 그들 앞에 그림자를 드리우는 일이 없다. 그들은 성서가 지닌 관심사에서 스스로 격리되었다. 그들은 성서를 관찰하지만, 그들을 관찰하는 것은 그들 자신뿐이다. 이렇게 과거의 목소리를 무시하고, 체계적으로 귀를 닫고, 의지를 꺾어서 남는 것은 객관성이 아니라 본문의 명백한 의도에 대한 부정뿐이다.

역사 비평은 성서를 죽은 문자로 만들어 버렸다. 이 기술에 복종하면서 성서는 무용해졌고 우리는 공허해졌다. 더 열심히 분석할수록 목표는 더 희미해졌다. 이제 우리는 니체가한 말을 읊조린다.

나는 내가 무엇 때문에 시작했는지조차 잊어버렸다.[2]

2. 객관주의라는 이데올로기는 역사 비평을 기만적인 의식에 빠뜨렸다.

객관주의objectivism란 어떤 현상에 거리를 두고 감정, 의지, 관심, 편견을 개입시키지 않으면서 관찰하는 학문적 이상을 가리킨다. 객관주의는 현실에 부합하지 않고 실현 불가능하기 때문에 이데올로기라 부를 수 있다. 이 이데올로기는 주지주의를 고수하고, 비이성적인 것 또는 무의식적인 것의 존재를 간과하며, 이론과 실천을 분리하는 오류를 범한다. 그러면서 자신의 오류를 체계적으로 묵과하는 기만을 저

---

2 Karl Mannheim, *Ideology and Utopia*, 20.

지른다.

객관주의는 주지주의적이다. 만하임은 말한다.

> 주지주의란 삶과 사유의 구성 요소들 가운데 의지, 흥미, 감
> 정, 세계관으로부터 나온 것들의 존재를 인정하지 않거나,
> 인정하더라도 이것들을 지성으로 환원하고 이성으로 통제
> 하고 이성에 종속시킬 수 있다고 믿는 사고방식이다.[3]

주지주의는 이론과 실천, 지성과 감정을 철저히 분리하고 감
정에서 비롯된 생각을 용납하지 않는다. 정치적 사유나 종교
적 사유처럼 필연적으로 비이성적 맥락을 갖는 사고방식과
맞닥뜨리면, 주지주의는 가치 판단과 관련된 요소를 순수한
이론과 분리할 수 있다는 식으로 현상을 이해하려 한다. 우
리에게 감정적인 것과 이성적인 것은 너무나 밀접하게 얽혀
있어서 우리의 사고 범주 자체에도 영향을 미치기 때문에 가
치 판단과 관련된 요소를 분리하기란 사실상 불가능하지 않
은가 물을 수 있지만, 주지주의는 이 물음조차 막아 버린다.[4]
이렇게 학계는 이론과 실천, 정신과 육체, 이성과 감정, 지

---

3 Karl Mannheim, *Ideology and Utopia*, 122.

4 Karl Mannheim, *Ideology and Utopia*, 123.

식과 경험을 분리하는 고질적인 문제에 덧붙여 주지주의라는 문제와 마주하게 된다. 우리 삶에서 구체적인 문제와 씨름함으로써 나오는 물음, 뼈아픈 시행착오로부터 배우고, 애매하고 모호하며 뒤죽박죽인 사건들을 겪으며 지혜를 갈망한 경험에서 나오는 물음이 아니라면 그 물음은 주지주의에 빠질 수밖에 없다. 객관주의라는 이데올로기에 사로잡힌 학계의 성서 비평은 본문에 관한 자료를 우리의 경험으로부터 유리시켜 자신의 자의적인 전제로 회귀하는 것 말고 무엇을 할 수 있을까?

이렇게 성서 비평은 그 출발부터 따분해진다. 연구자들은 가치 판단을 내리거나 일상적인 의미를 발견하거나 전체를 관망하려는 모든 시도를 철저히 부정하는 틀 안에서 훈련을 받는다. 그 결과 탄생한 해석학은 삶의 가장 단순한 국면을 사유할 범주조차 갖지 못한다. 오늘날 성서 비평이 내놓는 것이라고는 일상을 살아가는 실제 사람의 진짜 문제를 다루는 데는 무용한, 잘 훈련된 무능함뿐이다.

그러나 객관주의는 단순한 오류가 아니다. 객관주의는 기만적인 의식이다. 오류는 의도하지 않은 것이나 기만은 알면서도 일부러 자신의 모습을 잊는 것이다. 객관주의는 자신의 오류를 체계적으로 묵과하기 때문에 기만적인 의식이다. 객관주의는 대상과 거리를 둔다고 주장하지만 실제로 연구자는 학생들을 사회화하고 사회를 보존하는 데 이해관계가 있는 기관과 긴밀하게 연결되어 있거나, 자기 연구를 출판해 주는 기관과 직접적인 이해관계가 있다. 객관주의는 편견으로부터 자유롭다고 주장하지만, 그 방법론은 본질상 이성적인 자료에 무게를 두고 비이성적, 주관적, 감정적 자료의 의미나 존재를 축소하거나 부인하는 경향을 가질 수밖에 없다. 객관주의는 '확실한 결론', '객관적 지식'을 추구하는 척하지만, 실제로 객관주의 방법은 철저한 인식론적 회의를 전제하기 때문에, 새끼를 낳은 다음 잡아먹는 구피처럼 '확실한 결론'이 나올 때마다 이를 삼켜 버린다. 객관주의는 가치 판단을 내리지 않는다고 주장하지만, 실제로 연구를 진행할 때는 물음을 던져야 하고 그러려면 물음의 우선순위를 정해야 한다. 그리고 물음의 우선순위를 정하는 판단, 더 나아가 물음을 던지는 행위 자체는 이미 가치의 체계와 의미의 존재론을 전제하고 있다. 어휘를 선택하고 문장을 구성하는 일 자체가 '사실'을 경험하는 방식을 규정하고 한정하는 정치적 행위다. 어떤 의미로는, 연구할 사실을 만들어 내는 행위이기도

하다.[5]

　마지막으로, 객관주의는 중립적인 척하지만 연구자는 다른 모든 사람과 마찬가지로 인종, 성별, 계급과 관련된 이해관계 속에 있다. 객관주의를 표방하는 연구자는 이를 인식하지 못한 채 이런 이해관계를 연구에 반영한다. 이를테면 왜 독일의 연구자들은, 마치 그리스도교의 발흥 이후 유대교가 사라졌다는 듯이 '말기 유대교'Spätjudentum라는 모욕적인 용어를 계속 사용하는가? 미국의 성서 연구자 가운데 여성과 흑인은 왜 이렇게 적은가? 미국의 성서 해석학계는 풍부한 흑인 설교 전통을 왜 무시하는가?

　미국 학계에서 이 문제는 심각하다. 이전까지 종교 교육을 하지 않던 비종교 재단 대학들에 개설된 종교학과에서 자리를 얻기 위해 연구자들 간에 경쟁이 벌어졌기 때문이다. 연구자들은 특정 교파나 교리에 치우쳤다는 낙인을 피하려 학문 분과의 과학적 성격을 강조해야만 했다. 학계에서 인정받기 위한 마법의 열쇠는 규범적 접근이 아니라 서술적 접근이었다. 이로써 객관주의는 복수에 성공했다. 최근 많은 연구자가 (신학적 성향과 무관하게) 불트만Rudolf Bultmann이 마련한

5　R.D.Laing, *The Politics of Experience* (New York: Pantheon Books, 1967), 62.

교두보를 사실상 내버리는 현상은 이와 무관하지 않다.

나는 객관성objectivity의 가치를 부정하는 것이 아니다. 객관성은 바람직하다. 우리는 객관성을 객관주의라는 이데올로기와 분리하고 객관성의 새로운 기반을 마련해야 한다. 새로운 종류의 객관성을 획득하는 방법은 가치 판단을 배제하는 것이 아니라 비판적 검토를 거쳐 적절하게 가치 판단을 내리는 것이다. 낡은 전제를 바탕으로 더 열심히 노력하라는 말이 아니다. 파산을 앞둔 회사에 필요한 것은 격려 연설이 아니라 새로운 경영 방침이다. 모든 역사적 지식은 특정 관계 안에 놓인 지식이기 때문에 관찰자가 어디에 있는지 말하지 않고서는 진술할 수 없다면, 우리는 본문을 대하는 해석자의 역할에 관해 근본적으로 다른 모형을 만들어 내야만 한다.

3. 성서 연구는 기술주의의 포로가 되었다. 기술주의는 자신의 방법으로 답할 수 있는 물음만이 정당하다고 여긴다.

어떤 연구 분야든 기술technique은 필수 요소다. 그러나 근본적으로 기술은 가치를 따지지 않는다. 기술은 기술이 작동하는 영역 바깥에서 자신에게 주어진 명령에 의존한다. 관건은 자신에게 주어진 명령대로, 그 목적에 맞게 작동하냐는 것이다. 기술은 고안된 목적에 맞는 결과만을 내놓기 때문이다. 앞서 역사 비평은 성서 본문의 의도에 상응하지 않는다고 말한 바 있다. 자연 과학에서 방법론을 가져온 역사 비평의 영향으로 성서 학자들은 성서 본문을 읽을 때 독자들이 알고 싶어 하는 것, 개인과 사회의 성장을 위해 중요한 것이 무엇인지 묻지 않게 되었다. 대신, 성서 학자들은 역사 비평 방법으로 해결할 수 있는 복잡한 사실관계만을 다루고 싶어 한다. 방법으로 답할 수 있는 물음만 던지게 된 것이다. 그렇게 우리는 우리의 방법이 정한 물음을 내면화하고 우리 삶에서 일어나는 본질적인 물음을 스스로 검열한다. '순수 학문'이라는 허세로 부풀어 오른 이 편협한 접근법은 충분히 학문적이지도 않다. 본문의 의도와 본문을 읽는 우리의 관심을 이해하는 데 필수적인 것들을 검토할 의무를 너무나도 자주 저버리기 때문이다.

기술에 지나치게 매달리다 보면 끊임없이 이어지는 환원주의의 굴레에 빠진다. 기존의 기술은 향후 연구와 기술 개발의 방향을 결정하고 새로운 기술은 기존의 기술을 전제로 삼는다. 이런 순환이 무한히 계속된다. 이 과정에서 전제를 검토한다거나, 본문이 제기하는 물음에 답하기 위한 기술의 적합성을 묻는 일은 결코 없다.

물론 기술이 반드시 끔찍한 결과를 내놓는 것은 아니다. 석유 산업도, 성서 연구도 마찬가지다. 그러나 어떤 영역에서든 기술은 반드시 적절한 해석학 아래 놓여야 한다. 하지만 해석학이 놀랄 만큼 발전하는 동안에도 성서학 기술은 아무런 통제 없이 군림하고 있다. 말이 기수 위에 올라탔고 목표는 멀어져만 간다.

4. 성서 비평은 그 성과를 의미 있게 받아들일 공동체로부터 괴리되었다.

역사 비평은 적어도 정통주의를 반대하는 위치에 있는 동안에는 진보적인 교회의 강력한 군대였다. 이 기간에 역사 비평은 전체 그리스도교 공동체의 삶과 긴밀하게 연결되어 있었다. 하지만 역사 비평의 승리가 확실시되자 변화가 일어났다. 역사 비평은 이제 진보적인 교회라는 공동체가 아니라 성서학계를 향해 이야기한다. 그러나 이 성서학계는 공동체가 아니라 집단일 뿐이다. 이들은 여느 전문가 집단처럼 전공이 같은 이들의 모임에 불과하며, 여느 전문가 집단과 마찬가지로 (높은 지적 수준을 유지하고, 가장 능력 있는 사람이 명망을 얻게 하고, 정보를 중앙에서 모은 다음 전파하는 등의) 장점과 ('전문가' 특유의 젠체하는 태도, 소수만 이해하는 전문 용어를 만드는 경향, 혁신을 억제하고 동질 집단에 순응하게 만드는 분위기 등의) 단점이 있다.

이렇게 학문과 공동체가 분열되자 양쪽 모두 끔찍한 상황에 이르렀다. 공동체에는 말씀의 백성이라는 자의식만 남았고 이에 대한 비판적, 건설적 조언은 사라졌다. 성서 학자들은 인간의 삶과 무관한 물음, 오로지 학계에서 주목받을 것 같은 물음만 제기한다. 역사 비평은 검열과 간섭의 제약을 피하면서 자신의 작업을 수행하기 위해 공동체에서 벗어나기를 바랐다. 하지만 이처럼 어렵게 얻은 자유는 곧 모든 의미 있는 성과로부터의 괴리를 의미했다. 그리스도교의 진리는 절대적인 것이 아니라 잠정적인 것이고 관계적인 것이어서, 그 의미는 진실되고 자유로워지기 위해 분투하는 구체적인 공동체를 통해서만 드러나기 때문이다.

이렇게 성서 연구의 위기는 교회들의 위기와 연결된다. 교회의 핵심 과제는 성서가 전하는 복음을 되새기고, 전하고, 구현하는 것이기 때문이다. 미국의 많은 개신교 성서 학자에게 가장 시급한 문제는 자신의 성서 해석이 유의미하게 쓰일 공동체, 더 정확히 말하면 자신의 해석이 의미를 지닐 수 있는 공동체를 찾는 것이다. 물론 성서학계의 위기는 현대 문화 전반에 걸쳐 있는 포괄적 위기의 부수 현상에 가깝다.

5. 성서 비평을 탄생시킨 역사적 상황은 변했다. 오늘날 상황에서 현재 작동되고 있는 성서 비평은 쓸모가 없다.

성서 비평은 격렬한 논쟁과 변증을 위한 수단으로 탄생했다. 사람들은 이 사실을 너무나 자주 잊는다. 애초에 성서 비평은 기존의 해석들을 논박하는 무기로 쓰였고 어느 정도 시간이 흐른 뒤에야 건설적인 프로그램을 제시했다. 성서 비평의 주창자 가운데 한 명이자 로마 가톨릭 신자인 리샤르 시몽Richard Simon*은 성서를 유일한 권위의 원천으로 삼는 개신교의 입장을 허물기 위해 성서 비평을 이용했다. 라이마루스 Hermann Reimarus**는 그리스도교 자체의 역사적 기반을 공격

---

* 리샤르 시몽(1638~1712)은 로마 가톨릭 교회 사제이자 오라토리오회 회원이다. 1678년 출간한 『구약성서 비평사』Histoire critique du Vieux Testament에서 고대 근동이라는 맥락에서 구약성서를 연구하여 이를 바탕으로 독자적인 해석을 제시했는데, 특히 오경과 같은 성서 본문과 연관된 평행 본문에 대한 해박한 지식을 바탕으로, 모세 오경이 모세나 개인이 기록한 것이 아니라 다수의 자료에서 유래한 것이라고 주장했다. 이후 즉각적으로 교회 당국과 마찰을 빚었으나 이내 성서와 전통의 상호 보완적 관계를 말하는 로마 가톨릭의 이해를 뒷받침하는 데 상당한 도움을 주었다. 스피노자Baruch Spinoza와 더불어 성서 고등 비평의 아버지로 평가받는다.

** 헤르만 라이마루스(1694~1768)는 독일의 철학자이자 계몽주의 사상가다. 예나 대학교에서 신학, 고대어, 철학을 공부했고 함부르크에 있는 한 고등학교 교장이 되어 방대한 저작들을 집필했다. 자연주의적 이신론의 관점에서 그리스도교를 비판했으며 역사적 예수를 연구한 최초의 비평가로 평가받는다.

하기 위해 성서 비평을 이용했다. 결과는 충격적이었다. 기존의 보수적 성서 주해는 신학에 기반을 둔 역사 모형 안에서 성서를 해석했다. 반면 성서 비평이라는 새로운 분석 방법은 전체 모형을 더 작은 단위들로 쪼개고 이들을 인과 법칙에 따라 재결합했다. 그라프-벨하우젠Graf-Wellhausen 가설 *이 (오늘날 이 가설을 그대로 받아들이지는 않지만) 성서의 기원과 영감에 관한 보수적 관점을 무너뜨렸다는 점, 그렇게 해서 보수주의 이데올로기 전체를 무너뜨리는 유용한 수단이었다는 점, 여기에 일정한 역사적 의의가 있음을 부정할 수는 없다.

이런 이데올로기적 공격이 바람직한 변화를 위해서, 말하자면 영혼이 숨 쉴 공간을 마련하고 지성이 자유롭게 탐구할 권리를 찾기 위해서 수행되던 시기에는 좋은 의미로 이상적이었다. 이때 성서 비평은 더 나은 미래라고 믿는 것을 추구하면서 기존의 현실을 무너뜨리려 했다. 그러나 오늘날 이 전쟁은 사실상 끝났고, 성서 비평은 또 다른 기존의 현실이 되었다. 이제 의식하지 못했던 성서 비평의 이데올로기적 요소들이 드러났다. 이런 폭로가 서글픈 이유는 자유주의적 성

---

* 문서설documentary hypothesis이라고도 불리며, 일련의 편집자들이 독립적인 네 가지 문서를 조합해 모세 오경을 만들었다는 이론이다.

서 연구도 이데올로기적이라는 사실이 입증되었기 때문만은 아니다. 더 중요한 점은 성서 비평이 더는 본래 이상을 추구하지 않는다는 것, 진리를 이해하기 위해 더 나아가지 않는다는 것이다. 성서 비평은 애초에 싸움을 왜 시작했는지조차 잊은 채 승리를 거둔 전장에 그대로 주저앉아 남은 무기를 헤아리면서 그것들이 앞으로도 유용하게 쓰이기를 희망하는 듯이 보인다. 그러나 여느 혁명과 마찬가지로, 타도하는 힘과 통치하는 힘은 별개다.

보수주의 이데올로기는 객관주의라는 이데올로기를 극복하는 방법을 몰랐지만, 이 이데올로기에 완전히 미혹되지도 않았다. 근대주의자들이 성서의 변혁적 차원에는 거의 관심이 없고 성서 해석 방식을 근대의 정신에 맞추어 바꾸는 데에만 마음이 쏠려 있다는 사실을 본능적으로 알아차렸기 때문이다. 그렇지만, 보수주의는 '성서의 정신'과 '근대 정신'이 대립한다고 보지 않았다. 그들은 그저 역사 비평 이전에 존재한 정통 그리스도교 세계의 정신이 완전히 소멸하는 사태를 방지하려 노력했다. 순진한 신앙이 사라지는 세태에 대한 보수주의자들과 근본주의자들의 불안은 이제는 좀 더 연민을 가지고 이해할 수 있다. 하지만 옛날이나 지금이나 그리스도교에는 강력한 비판이 필요하다. 한때 역사 비평가들은 신앙에 유익한 우상 파괴자였다. 오늘날 '탈비판' 시대로 이행 중이라는 주장이 사실이라 해도, 이는 비판을 극복한 시대가 아니라 비판 이후의 시대라고 보아야 할 것이다. 이제 우리의 과제는 폴 리쾨르Paul Ricoeur가 "제2의 순진함"second naïveté이라고 부른 단계, 즉 신앙이 성서 비평과 관련된 우상을 파괴하는 단계로 나아가는 것이다.[6]

'신약 개론'New Testament Introduction은 이런 논쟁과 변증이라는 맥락 안에서 이해해야 한다. 오늘날 많은 경우 '개론'은 성서 개론보다는 성서 비평 개론에 가깝다. 학생들은 모팻James Moffatt, 맥닐Alan Hugh McNeile, 엔슬린Morton Scott Enslin 등이 쓴 탁월한 교재를 열심히 읽지만, 성서 본문은 거의 읽지 않는다. '개론'은 엄청나게 가열된 논쟁의 장을 조성했고 학생들의 삶을 바꾸어 놓았다. 성서 비평이 승리를 거둔 바로 그 시점에 성서 개론이 성서학으로, 즉 공격에서 재구축으로 강조점이 바뀐 것은 우연이 아니다. 어떤 교수들은 왜 개론 격에 불과한 문제들에 학생들이 그렇게 커다란 관심을 기울이는지 모르겠다고 말한다. 이는 개론에서 소개하는 비평의 산물들이 학생들에게 발견의 흥분을 일으키고, 그들의 한계까지

---

6 Paul Ricoeur, *The Symbolism of Evil* (New York: Harper & Row, 1967), 347. 『악의 상징』(문학과지성사)

질문을 밀어붙이고 일정한 합의를 이루어내기 때문이다. 미결 상태인 몇 가지 문제(그리고 해결된 줄 알았지만 주기적으로 다시 불거지는 몇몇 문제)를 논외로 하면, 이러한 성취는 분명 성서학 역사의 일부이며, 성서 연구와 관련해 역사 비평이 남긴 중요하고 필수적인 공헌이라 할 수 있다. 그러나 이 모든 점을 고려하더라도 오늘날 성서 비평이 자기 반성적 이해보다는 객관화, 대상화를 목적으로 삼는다는 근본적인 문제를 가리지는 못한다. '개론'은 본문과 우리를 중재하기는커녕 멀리 떼어 놓았다.

성서 신학 운동The biblical theology movement*은 어느 정도는 성서 학자들에게 객관주의 패러다임에서 벗어날 것을 요청하는 운동이었다. 하지만 이 운동 역시 객관주의 패러다임에서 완전히 벗어나지는 못했다. 이는 성서 신학 운동의 가치를 깎아내리는 것이 아니다. 어떤 혁명이든 정립은 한동안 반정

---

* 성서 신학 운동은 북미와 유럽 성서 학자들이 성서 연구에서 (1920년대 이후 유럽 신정통주의 신학자들의 자극을 받아) 이전 세대 학자들이 무시했던 성서의 신학적 차원을 회복하는 데 관심을 기울인 운동이다. 성서를 역사 비평 방법으로 연구해야 한다는 기존의 성서 학자들의 견해를 받아들이면서도 동시에 성서를 하느님의 말씀의 수단, 혹은 증거로 보아야 한다고 이야기했다. 이 운동을 이끈 대표적인 학자로는 브레바드 차일즈, 제임스 바James Barr 등이 있으며 오늘날까지 일정한 영향력을 행사하고 있다.

립 안에 살아 있다. 브레바드 차일즈가 일컬은 성서 신학의 위기는 성서학이 총체적인 패러다임 변화를 향해 나아갈 기회다.[7] 어쨌든 우리는 객관주의에 바탕을 둔 성서학도 배웠기 때문이다. 덕분에 우리는 쿰란 사본의 탄소 연대를 측정할 때처럼 겸손하면서도 신중하게 은총에 관한 바울의 견해를 서술할 수 있게 되었다. 누군가는 성서 신학 운동에서 펼치는 주장들이 과도하다고 여길지도 모르지만, 적어도 한 주장은 심각하게 받아들여야 한다. 바로 성서학이 지나치게 객관주의에 의존하고 있다는 점이다.

단도직입적으로 말하면, 성서 비평은 특정한 형태의 개종을 요구하는 일종의 전도 활동이다. 아무런 경멸의 의도 없이 말 그대로다. 여전히 성서 비평이 이데올로기적으로 중립이라는 착각에 빠진 이들만이 이 말에 모욕을 느낄 것이다. 성서 비평은 여러 세대에 걸쳐 부흥 운동보다 훨씬 더 근본적인 차원에서 신학생들의 인식 체계를 뒤흔들었고, 그들의 사고방식을 재구성했다. 성서 비평은 신학생들이 '근대 세계'에 입장하는 관문이 되었다. 역사 비평이 눈부시도록 성공적인 전도를 완수했는데도 복음화와 전도의 역사를 다루

---

7 Brevard Childs, *Biblical Theology in Crisis* (Philadelphia: Westminster Press, 1970)

는 역사가들이 이를 놓치고 있다는 점은 놀랍기 그지없다. 그리고 이는 성서 비평 아래 놓인 객관주의 이데올로기가 자신의 정체를 숨기는 데 얼마나 능란한지 보여 준다.

요약하면, 부흥 운동이 그렇듯 오늘날 성서 비평은 파산했다. 성서 비평은 부적절한 방법에 의존했고, 기만적인 객관주의와 결합했으며, 통제받지 않는 기술주의에 종속되었고, 핵심 공동체와 괴리되면서 그 유용성을 상실했다. 성서 비평의 미래는 성서 비평이 근본적으로 달라진 상황에 적응할 수 있느냐에 달렸다.

II

성서 연구의 패러다임은
변화하고 있는가?

옛 이론, 구체계의 "죽음"을 선언하는 것이 유행이 되어 버린 시대이기에, 이 책은 역사 비평의 장례식을 치르는 것이 아니라 파산을 선고하는 것임을 다시 한번 강조해야겠다. 역사 비평은 분명 보존할 가치가 있으므로 새로운 경영 방침이 필요하기 때문이다. 오늘날 성서학에서 일어나는 일들은 다른 학문 분과에서 일어난 일과 본질상 다르지 않기에, 다른 분과의 경험을 검토하면 많은 도움이 될 것이다. 토머스 쿤T.S.Kuhn은 탁월한 저서 『과학혁명의 구조』The Structure of Scientific Revolutions에서 자연 과학의 패러다임이 변화하는 과정

을 탐구한 바 있다.[1]

쿤에 따르면 정상 연구normal research는 패러다임, 즉 전제,
신념, 가치, 기술이 맞물려 자료를 조작하고 해석하는 수단
과 관점을 제공하는 체계 위에서만 가능하다. 패러다임은 혼
란스러운 자료 더미에서 일정한 흐름을 도출해 내고, 그 흐
름에 맞는 작은 퍼즐 조각들에 대한 전문화된 연구를 가능하
게 한다. 패러다임 없는 관찰과 자료 수집은 무작위적이고
산만하다. 모든 관찰은 패러다임에 의존한다. 관찰에 앞서
서 이미 알려진 것, 즉 패러다임에 따라 관찰할 준비가 되어
있는 것 이외의 것을 관찰하고 보고할 수 있는 언어를 개발
한 사람은 없다. 한편, 우리는 패러다임이 부적합하거나 중
요하지 않다고 판정한 자료는 관찰하지 못한다. 패러다임이
어떤 연구가 가치 있는 것인지 알려 주고 결과를 예측하게
해 주기 때문이다.

새로운 패러다임이 등장할 때마다 처음에는 극렬한 반대
에 부딪힌다. 하지만 자리를 잡으면 '정상 과학'normal science이
등장하고, 수많은 연구자가 지난 체계의 패잔병을 소탕하는
작전에 몸 바친다. 정상 과학이 건재할 때 사람들은 참신한

---

1 T.S.Kuhn, *The Structure of Scientific Revolutions* (Chicago: University of Chicago
   Press, 1970) 『과학혁명의 구조』(까치)

연구를 시도하지 않을 뿐 아니라 강력하게 억누른다. 해결되지 않는 참신함은 존재 그 자체로 패러다임의 붕괴를 암시하기 때문이다. 패러다임은 자신이 제공한 개념의 상자에 참신함을 강제로 욱여넣는다. 참신함이 이를 거부하면 패러다임은 위기에 처한다.

패러다임은 탐구 방법뿐 아니라 현실을 보는 관점 전체를 제공한다. 그러므로 참신하고 변칙적인 것이 처음 등장할 때 사람들은 이를 보지 못하는 경우가 많다. 쿤은 흥미로운 실험을 예로 든다. 이 실험에서 연구자들은 피실험자들에게 평범한 트럼프 안에 빨간 스페이드 6처럼 변칙적인 카드가 섞인 카드 한 벌을 빠르게 보여 주었다. 하지만 피실험자들은 변칙적인 카드를 보지 못하거나 심지어 보더라도 카드가 비정상임을 인지하지 못했다. 변칙적인 카드를 기존의 범주에 속하는 것으로 잘못 인식한 것이다(그 과정에서 불편한 감정을 느끼기는 했지만 말이다). 이처럼 기존의 패러다임에 익숙해지면서, 연구자들은 참신한 것과 변칙적인 것을 보지 않는 연습을 한다. 그러니 역사를 돌이켜 볼 때 변칙을 처음 알아채고 이를 진지하게 탐구하는 사람은 신진 연구자 혹은 인접 분야 연구자였다는 사실이 놀랍지는 않다. 그러나 자신이 관찰하게 될 것이 무엇인지 정확히 아는 사람만이 무언가 잘못

되었다는 점을 알아챌 수 있으며, 이런 맥락에서 변칙 또한 패러다임을 배경으로 삼을 때만 등장할 수 있다.

새로운 패러다임은 어떤 연구 분야가 그 중요도나 성과에 비해 훨씬 빠르게 규모가 커지고 복잡해져서 불안정한 시기를 보낼 때 점차 그 모습을 드러낸다. 이 중대한 위기는 길어도 20년을 넘지는 않으며, 이 기간 경직된 입장을 고수했던 사람들은 유연해지고 새로운 시각을 향해 열린 태도를 취한다. 연구자들을 지배하는 오래된 패러다임을 약화시키고 새로운 패러다임의 토대를 놓는 효과적인 방법 중 하나는 새로운 전제를 찾는 것이다. 오래 지나지 않아, 전통적인 규칙으로는 더는 게임을 진행할 수 없다는 사실이 명백해진다.

성서 연구 분야에서도 이와 유사한 과정이 일어나고 있다. 역사 비평은 오랫동안 성서 연구의 패러다임이었다. 오늘날 성서 연구 패러다임의 변칙은 인간 발달에 도움을 주는 방향으로 성서의 내용과 의도를 해석할 수 없다는 것이다. 마르틴 켈러Martin Kähler*는 이 변칙을 오래전에 알아챘고, 아

---

* 마르틴 켈러(1835~1912)는 독일의 개신교 신학자이자 성서 학자로 19세기 독일 '성서학파'die biblische Schule를 대표하는 학자로 꼽힌다. 하이델베르크, 튀빙겐과 할레에서 신학을 공부했으며 할레 대학교에서 오랫동안 신학을 가르쳤다. 예수 당시의 역사적 정황을 재구성함으로써 그의 실제 모습을 복원할 수 있다는 '역사적 예수'를 강하게 비판

돌프 슐라터Adolf Schlatter*, 칼 바르트Karl Barth, 루돌프 불트만 같은 이들은 이것을 뛰어넘었지만, 대다수는 이를 묵살했다. 하지만 이제는 무시할 수 없다. 한때는 소수만이 이를 알아 보았지만, 이제는 불가피하게 공통 의식의 일부가 되었기 때 문이다. 이 분야에 널리 퍼진 불만과 탐구 의욕의 저하가 그 증거다. 이 책 1장에서 펼친 주장은 역사 비평이라는 성서 연구 패러다임이 이제는 낡은 것이 되었다는 입장의 이론적 토대가 된다. 남은 과제는 새로운 대안을 모색하는 것이다.

했으며, 역사적 예수 연구의 결과인 예수에 대한 역사적 사실과 예수 에 대한 초기 그리스도교의 역사적 해석, 즉 '신앙의 그리스도'가 분 리된 것을 극복하고자 하였다. 저작으로 『오늘날 교리에 관한 질문 들』Dogmatische Zeitfragen, 『성서를 두고 일어나는 다툼들』Unser Streit um die Bibel, 『이른바 역사적 예수와 역사 해석과 성서에 따른 그리스도』Der sogenannte historische Jesus und der geschichtliche, biblische Christus 등이 있다.

* 아돌프 슐라터(1852~1938)는 스위스 출신의 개신교 신학자이자 성서 학자다. 바젤, 튀빙겐 대학교에서 철학과 신학을 공부했으며 베를린 대학교, 튀빙겐 대학교에서 신학과 신약학을 가르쳤다. 당시 독일 신 학의 자유주의 학문 기풍에 비판적이었고, 자유주의를 대표하는 신 학자인 하르낙과 공개적인 논쟁을 하기도 했다. 저작으로 『우리는 예 수를 아는가?』Kennen wir Jesus?, 『신학과 교회에 대한 봉사』Vom Dienst an Theologie und Kirche, 『그리스도교적 확신의 근거』Die Gründe der christlichen Gewißheit 등이 있다.

III

성서 연구의 새로운 패러다임을 위하여

나는 성서 연구의 새로운 패러다임을 모색하는 하나의 시도로 변증법적 해석학dialectical hermeneutic을 제시하고자 한다. 이 변증법적 해석학의 계기들은 대략 다음과 같이 도식화할 수 있다.

1. 융합Fusion
↓
첫 번째 부정: 대상을 의심함으로써 융합을 부정negation
↓
2. 거리 두기Distance
↓
두 번째 부정: 주체를 의심함으로써 부정을 부정
↓
3. 친교Communion

이 변증법은 본문 주해는 물론 해석의 역사 전체에도 적용할 수 있다.[1]

우리가 물려받은 유산을 무비판적으로 받아들여 그 유산과 융합하는 순진함의 단계, 그리고 객관화를 통해 유산에 거리를 두면서 융합에서 벗어나는 단계 사이에는 부정이라는 계기가 놓여 있다. 이는 의심, 소외, 불신, 냉담, 유혹, 죽음 등 여러 방식으로 묘사할 수 있다. 그리고 거리 두기 단계

---

1 나는 정립, 반정립, 종합으로 이어지는 3단계 운동을 가리키기 위해 '변증법'이라는 용어를 사용한다. 이렇게 해서 융합, 거리 두기, 친교가 서로 역동적 관계를 맺는 도식이 만들어지고, 각 단계를 좀 더 분석할 수 있는 여지가 생긴다. 물론, 이런 도식은 사태를 명료하게 서술할 수 있다는 이점이 있지만, 현실은 훨씬 무작위적이고 실패, 시행착오가 더 많다. 역사에서 변증법이라는 용어는 소크라테스와 플라톤의 대화, 스콜라학파의 토론, 헤겔의 보편적인 3단계 과정 등 다양한 논증 방법을 가리키는 데 쓰였다. 헤겔의 변증법과 관련해, 우리는 실제 세계에서 변증법적 운동을 읽어 내려 하면 안 되며, 변증법적 운동을 특별한 논리로 간주해서도 안 된다. 또한, 정립은 스스로 반정립을 만들어 내지는 않는다. 반정립을 만들어 내는 것은 우리의 비판적 태도이며, 이런 태도 없이는 반정립이 생기지 않는다. 마찬가지로, 정립과 반정립의 "투쟁"이 스스로 종합을 "만들어 내는" 것도 아니다. 투쟁하는 주체는 인간이고, 인간만이 새로운 관념을 만들어 낸다. 그리고 종합은 단순한 절충물이 아니다. 종합은 이전 단계로 단순히 환원할 수 없는 새로운 관념을 담고 있다. 이와 관련해서는 다음을 보라. Karl C. Popper, *Conjectures and Refutations* (New York: Basic Books, 1965), 314. 『추측과 논박』(민음사) "구체적인 것, 역동적인 것, 모순적인 것의 결합"으로서의 변증법에 관해서는 다음을 참조하라. Bernard Lonergan, *Insight* (New York: Philosophical Library, 1957, 217.

와 친교 단계 사이에는 부정의 부정, 의심하는 사람에 대한 반동으로서의 또 다른 의심, 분석자에 대한 분석이라는 계기가 존재한다. 이 두 번째 부정은 독자와 본문이 상호 작용하는 길을 열어 개인과 사회의 발달이 가능하게 만든다.

1. 융합

태초에 전통tradition이 있었다. 우리는 그 흐름 안에서 살아가고 움직인다. 아무리 세속화되었다 할지라도 서구 문화권에서 특정 해석 방식, 몇몇 핵심 관념을 받아들이면서 형성된 선입견, (어떤 본문은 읽고 어떤 본문은 읽지 않는다든가 하는 식으로) 미리 반영된 의도의 영향에서 완전히 자유로운 성서 해석은 없다. 전통은 모든 객관성, 모든 개념화보다 앞서 존재하는, 우리 자신의 주관성보다도 앞서 존재하는 우리의 세계다.[2] 전통은 너무나 포괄적이고 너무나 가까이 있어 눈에 띄지 않는다. 우리는 전통을 통해서 본다. 우리는 전통이 제공하는 틀로 다층적인 경험을 걸러내기 때문에 전통 없이는 아무것도 볼 수 없다. 전통은 우리의 지평horizon이다. '과거'라는 관념은 그 자체로 이미 대상화를 전제한다. 하지만 융합

---

2   Richard E. Palmer, *Hermeneutics* (Evanston: Northwestern University Press, 1969), 132~33. 『해석학이란 무엇인가』(문예출판사)

단계에서의 과거란 우리가 우리 자신의 존재를 인지하게 해 주는 기반, 현재에도 살아 있는 유산이다. 전통은 우리에게 개념을 마련해 준다. 전통은 우리의 언어에 숨은 채 '믿을 만한 것'이 무엇인지 일러 주고 추론 과정에 방향을 제시한다.

첫 번째 부정 - 융합의 부정

융합 이후에는 혼란이 온다. 의심이 싹튼다. 불신이 곪아 터진다. 감히 전통에 의문을 제기하고, 생각할 수 없는 것을 생각한다. 이것이 바로 첫 번째 부정, 유산을 대상화함으로써 유산과 거리를 두는 과정이다.

> 진리를 경험하는 과정, 그리고 동시에 비진리가 드러나는 과정은 부정이라는 요소를 포함한다. … 진리를 경험하는 능력은 부정하는 능력을 전제하며 … 부정성을 품을 수 있는 존재, "아니요"라고 말할 수 있는 존재만이 진리를 품을 수 있다. 부정하는 힘은 자유의 일부이자 자유의 본질적인 요소이기 때문에, 자유는 진리의 필수 조건이라는 명제가 성립한다. … 진리를 경험하는 과정에서 부정은 처음에 공격적이기보다는 방어적으로 작용한다. 부정은 세계를 침범하기보다는 세계의 공격을 받아넘기는 데 집중한다. … 따

라서 진리 경험은 처음에는 기만에서 벗어나는 성격을 가지
며, 나중에야 "밝히기", (숨겨진 것을) "드러내기"의 성격을 가
진다(후자는 하이데거Martin Heidegger가 진리의 본래 의미라고 지적한
바로 그것이다). … 사물들은 무언가를 암시하고, 무언가와 너
무나 닮았고, 다양한 모습으로 가장하고 있다. 우리는 이들
의 비밀스러움과 우리의 호기심 때문에 괴로워하지만, 어떤
면에서 우리는 그전부터 기만당해왔다. 이 사물들은 우리
에게 여러 언어로 "말을 건다". 그러한 와중에 진리가 아니
면서도 진리인 양 가장한 거짓말들이 거듭 드러난다. … 우
리는 현상 너머, 현상과 아예 종류가 다른 진리를 보고자 한
다. 바로 그 순간, 본성상 숨겨져 있는 진리와 본성상 진리
를 숨기는 현상이 맞선다.[3]

이때 부정은 본질적으로 '대상화'다. 그렇기에 부정은 기존
의 문화에 속한 관념과 선입견으로부터 거리를 둔다. 부정하
는 사람은 자유와 진리로 나아가는 변증법적 계기로서 필연
적으로 소외를 겪는다. 부정은 기존의 이해를 제쳐둘 것을
요구한다. "(새로운) 앎을 통해 치유되어야 할 (기존의) 앎으로

---

3 Hans Jonas, *The Phenomenon of Life* (New York: Harper & Row, 1966), 175~76.

부터의 도피"를 요구하는 것이다.[4]

이런 대상화는 세계의 구조를 분석 가능한 현상으로 바라보기 위해 생활 세계를 현상학적으로 환원하는 과정일 수밖에 없다. 이런 분석을 통해 연구자는 주체와 대상, 사실과 해석 등을 구별한다. 역사적 실존의 본질적 특징 중 하나는 바로 이 같은 구별이 어렵다는 점이다. 주체와 대상, 사실과 해석은 일상의 경험 안에 복잡하게 얽혀 있어 이를 적절하게 말하기 힘들다. 그러나, 그렇기에 연구자는 저 경험을 대상화해야만 한다. 연구자는 복잡하고 구체적인 어떤 사태로부터 '핵심'을 추출한다. 이렇게 사태를 대상화해서 사실을 길어내는 과정을 통해 연구자는 여러 관점을 비교하고 연결할 수 있게 해 주는 또 다른 관점을 얻는다. 연구자에게 이런 기준점이 없다면 그의 연구는 장황한 설명에 그치고 말 것이다. 따라서 현상학적 환원phenomenological reduction은 우리 경험을 탐구하는 실마리를 찾기 위해 반드시 필요한 도구다.[5]

여기서 '환원'이라는 말을 좀 더 살펴보아야 한다. 이 말의 용법은 야금학metallurgy에서 유래했다. 광석을 제련해 원하는

---

4 Bernard Lonergan, *Insight*, 200.

5 Larry Shiner, 'A Phenomenological Approach to Historical Knowledge', *History and Theory* 8 (1969), 266~74.

광물을 만들어 내는 과정이 '환원'이다. 그러니까 우리가 환원주의reductionism라고 부르는 태도는 역설적으로 환원에 실패한 것, 불길이 너무 작거나 열이 충분하지 않아 귀중한 금속을 망쳐 버리는 것이다. 신학에서는 보통 이런 실패를 공간의 심상을 빌려 묘사하곤 한다. 즉 환원주의는 인간 경험의 어떤 상위 요소higher elements('요소'라는 말 또한 야금학에서 유래했다)를 설명하지 못한다는 식으로 말이다.[6] 하지만 공평하게 말하자면, 신학은 (성애, 가족 관계, 심리 발달 같은) 인간 경험의 하위 요소를 설명하지 못한다. 이러한 맥락에서 신학 역시 환원주의적인 측면이 있다.[7]

성서 비평은 교회 전통에서 성서를 분리한 다음 대상화한다. 성서는 분명 인간들이 썼지만, 기록이라는 행위를 통해 대상들로 이루어진 세계의 일부가 된 이상 즉각적으로 '너'thou가 되지는 않는다. 성서는 인간의 사상, 경험, 감정, 전망을 대상화한 것이기에 대상이다. 연구자는 성서를 소중히

---

6 "자신이 환원주의자라는 사실이 부끄럽지 않다고 말해도 나는 그리 불편하지 않다. 다만 불편한 것은 그가 자신이 환원을 부끄러워하지 않음으로써 신화나 의례를 설명하지 않는다는 점이다." Hans H. Penner, 'Myth and Ritual: A Wasteland or a Forest of Symbols?', *On Method in the History of Religions* (1968), 52.

7 이와 관련해서는 다음을 보라. Peter Homans, *Theology after Freud* (Indianapolis: Bobbs-Merrill, 1970), part 1.

간직해 온 전통과 무관하게, 또 자신이 성서에 대해 지닌 긍정적, 부정적 태도와 무관하게 성서가 지닌 권리를 지켜 주려 한다. 이러한 맥락에서 성서 비평은 특별한 종류의 금욕을 요구한다. 연구자는 본문을 연구자 자신, 자신이 속한 문화의 역사와 분리할 줄 알아야 한다. 그는 자신의 주관을 투영하지 않고, 방어 기제를 극복하면서, 본문의 타자성otherness에 공감하는 분석을 수행하고, 해석을 통해 올바른 거리를 회복해야 한다. 주관주의, 선동적 왜곡, 자기 투영 등 우리가 타자성을 인식하지 못하는 모든 오류로부터 연구자가 지켜 내야 하는 것은 바로 이 타자성이다. 타자성이야말로 본문을 매혹적이면서도 신비한 것으로 만든다.

그러므로 객관주의는 기만적인 의식이지만 객관성이라는 목표를 포기해서는 안 된다. 객관성이란 그저 정직을 조금 특별하게 일컫는 말이 아니라, 타자와 타자의 권리에 대한 기본적인 존중을 담은 표현이기 때문이다.

이렇게 현대 성서 학자는 성서를 교회, 신학의 역사, 신경과 교리로부터 거리를 두게 만든 다음 성서 그 자체의 목소리를 들으려 노력한다. 이 과정에서 그는 이른바 비평이라는 도구의 도움을 받기도 한다. 비평이라는 이름은 아주 적절하다. 자료 비평, 양식 비평, 역사 비평 등은 해석의 토대를 놓는 데 그치지 않고, 거리 두기를 위해 필요한 부정을 가능하게 해 주기 때문이다. 어린 시절부터 보아 왔던 문헌, 혹은 완전히 낯선 문화의 초자아라고 여겨지는 문헌을 대할 때 그 문헌에 관해 무엇을 알지 못하는지를 즉각적으로 깨닫기란 불가능하다. 이때 비평은 그리스도교 세계가 형성해 온 예수와 초기 교회에 관한 심상들을 해체하는 기능을 수행한다. 예수와 초기 그리스도교에 관해서 교회와 우리 내면에 자리 잡은 심상들을 부정한 후에야 우리는 참된 질문을 던질 수 있고, 자유와 진리에 다가서는 열린 공간으로 향할 수 있다.

자유와 진리에 관한 이런 태도는 분명 파우스트와 유사하며 애초부터 반反전통적antitraditional이다. 중립성이라는 외양을 띠고 있지만, 대상화는 그 이면에 해방을 향한 움직임이 있다. 부정이라는 말에는 바로 이런 의미가 담겨 있다. 거리 두기는 하이데거의 주장처럼 존재가 말하도록 내버려 두는 것이 아니다. 거리 두기는 존재의 입을 다물게 하고, 존재의 여러 목소리 가운데 일부를 선별하는 것이다. 요나스Hans Jonas에 따르면 주체는 "잃음으로써 이득을 얻지만 동시에 무언가를 잃는다". 이는 주체가 자료를 추상화된 심상으로 환원하기 위해, 즉 자신이 자료를 보기 위해 자료의 과도한 자극을 걸러냄으로써 일어난 결과다. 시각은 여러 감각 중 거리를 필요로 하는 감각, 대상이 가까이 있을 때보다 떨어져 있을 때 더 잘 감지할 수 있는 유일한 감각이다.

> 가장 가까이 있는 것이 가장 잘 보이는 것은 결코 아니다 …
> 우리는 세계를, 즉 세계의 일부인 대상을 보기 위해, 우리
> 가 보고자 하는 대상과 너무 가까워져 곤란해지지 않기 위
> 해, 훑어볼 자유를 누리기 위해, 의식적으로 물러서서 거리
> 를 둔다.

물론 이런 거리 두기를 통해 연구자는 관찰 대상과 관계 맺을 수 있는 영역, 적절한 맥락 바깥으로 대상을 몰아낼 수도 있다. 이 경우에 감각의 거리는 정신의 거리에 영향을 주어, 연구자가 대상을 무심히 바라보는 현상이 나타날 수도 있다.[8] 그래서 나는 이를 '소외된 거리'alienated distance라고 부른다.

이득을 얻으나 무언가를 잃는 것은 주체만이 아니다. 대상도 무언가를 잃는다. 주체와 대상은 문법상 제각기 고유한 힘을 갖고 있다. 즉 주체는 능동성을, 대상은 수동성을 갖고

---

8   Hans Jonas, *Phenomenon of Life*, 149~52.

있고(주체를 뜻하는 단어 '서브젝트'subject가 동사로 쓰이면 '지배하다' 라는 뜻을 갖게 된다는 사실을 떠올려 보라), 이는 살아 있는 것과 죽어 있는 것, 행위자와 사물, 보는 자와 보이는 것으로 현실이 양분된다는 관점을 시사한다.[9] 우리가 아무리 '말씀의 신학'theology of the Word을 주장하더라도, 이 틀에서 본문은 처음부터 말하는 것이 허용되지 않는다.

2. 거리 두기

따라서 실제 탐구에서 참된 객관성의 목표는 훼손된다. 대상을 지배하려는 의지가 언어에 내포되어 있고 탐구자가 기술을 잘 연마하면 연마할수록 대상화가 높은 강도로 이루어지기 때문이다. 탐구자는 암묵적으로 '지금'이 옳고, 규범적이며, 절대적인 것이라고 가정한다. 하지만 과거는 '지금'의 조건에 맞아떨어지지 않기 때문에 탐구자는 과거에 대한 판단을 보류한다. 그다음 탐구자는 과거를 과거 그 자체의 관점으로 이해하려 노력한다. 하지만 그 결과 과거의 참됨 여부에 관한 물음은 던질 수 없게 된다.[10]

---

9   James Brown, *Subject and Object in Modern Theology* (London: Student Christian Movement Press, 1955), 31.

10   Richard E. Palmer, *Hermeneutics*, 182.

이처럼 지식을 쌓아서 자아를 강화하고 세계와 인간을 지배하려는 탐구자의 태도는 파우스트 같다. 하지만 파우스트에게도 지식 그 자체는 별다른 도움이 되지 못했고, 그는 절망했다. 『파우스트』Faust에서 그는 철학, 법학, 의학을 공부한 뒤 마침내 신학을 접한다. 하지만 결과는 쓰라리다.

아, 심지어 신학까지도

전부 샅샅이 열정을 다해 공부했건만!

여선히 전보나 조금도 현명해지지 않은

가련한 바보 신세로구나.[11]

그의 절망은 곧 융합에 균열이 나기 시작했음을, 부정의 씨앗이 심어졌음을 뜻한다. 그는 홀로 나아갈 수 없다. 그는 조금이라도 나아가기 위해 악마와 거래한다.

파우스트가 요한 복음서의 도입부를 비판적으로 주석하다 불안에 빠지는 시점에 사탄이 등장하는 것은 결코 우연이 아니다. 비판적 거리를 유지하려는 태도는 사탄이라는 심상의 정신적 기원이다. 사탄이 사악하다고 여겨지는 주된 이유

---

11 『파우스트』 1부, David Bakan, *The Duality of Human Existence* (Skokie, Ill.: Rand McNally & Co., 1966), 67에서 재인용.

는 그가 다른 천사들과 함께 남아 있기를 거부하고 독립적인 존재로 서려 했기 때문이다. 사탄의 최종 목표는 온 세상의 지배자가 되는 것이다. 그러나 이런 지배는 세상의 참된 "아버지"에 관한 지식을 억압해야만 가능하다(로마 1:18~32 참조).

그러므로 사탄이라는 심상은 개인의 발달 단계에서는 오이디푸스적 관계와 연관이 있고, 세계를 인식하는 차원에서는 주체-대상의 이분법과 연관이 있다. 세계의 토대, 세계의 기원과 관계 맺지 않고서 세계를 지배하려는 자는 악마의 역할을 하는 셈이다.[12] 따라서 대상화는 '타락한 의식'fallen consciousness이라는 문제의 특수한 형태로 볼 수 있으며 사탄은 이 같은 의식의 원형이다. 대상화는 자신을 서 있게 하는 바탕과의 친교에서 벗어나 독립한 결과 나타나는 소외된 의식alienated consciousnes이다.

객관적 탐구 과정에서도 지식을 억압하는 행위를 발견할 수 있다. 자료를 선별할 때가 그렇다. 자료를 접하면 연구자는 잊어버릴 것과 기억할 것을 분리하고, 자기 자신을 이 자료들로부터 분리한다. 이런 과정은 이데올로기적 성격이 있지만, 연구자는 이를 잊을 뿐 아니라 자기 자신의 실존이 본

---

12 다음을 참조하라. Peter Homans, *Theology after Freud*, 141~42. 호만스 Homans와 바칸의 저술은 내게 커다란 영향을 미쳤다.

질적으로 불안하고 문제적이라는 사실조차 망각한다.

사탄에게는 오이디푸스 콤플렉스가 있다. 그의 신경증은 자기방어, 자기주장, 자기 확장 성향으로, 분리, 고립, 소외, 고독을 추구하는 모습으로, 생각, 느낌, 충동을 억압하는 방향으로 나타난다. 바칸*은 이런 소외된 의식들을 묶어 주도적 앎agentic knowledge이라고 부른다.[13]

그렇지만 바칸은 악마 혹은 마성적 힘이 지닌 치유 기능을 발견한다. 창세기 3장에서 하느님은 인간이 계속 의식이 없는 상태로 남아 융합이 영속하기를 바란다. 반면 악마는 인간이 불순종을 통해 의식을 가지도록 만드는 반대 세력이다. 참된 자아가 발달하려면 어느 정도의 거리를 반드시 확보해야 한다는 걸 고려하면 자아와 악마의 동맹은 필연적이

---

* 데이비드 바칸(1921~2004)은 미국의 심리학자다. 브루클린 대학교에서 심리학을 공부하고, 오하이오 주립대학교에서 심리학으로 박사 학위를 받았다. 시카고 대학교, 오하이오 주립대학교, 하버드 대학교 등에서 강의했으며 정신 분석, 종교, 철학, 연구 방법론 등 다양한 주제에 관해 글을 썼다. 세상을 떠날 때까지 요크 대학교 심리학과 명예교수로 활동했으며 심리학의 역사, 심리학 연구 방법론, 종교 심리학과 관련해 중요한 공헌을 남긴 학자로 평가받는다. 주요 저서로『지그문트 프로이트와 유대 신비주의 전통』Sigmund Freud and the Jewish Mystical Tradition,『인간 실존의 이원성』The duality of human existence,『무고한 이들에 대한 학살』Slaughter of the Innocents 등이 있다.

13 David Bakan, *The Duality of Human Existence*, 67.

다.[14] 역설적이게도 자아는 타락과 상실을 통해서만 얻을 수 있다. 하강하는 길이 곧 상승하는 길인 것이다. 그러나 동시에 이 과정을 통해 악마는 파멸한다. 인간이 하느님과 성공적으로 거리를 두게 함으로써 악마는 자신과도 거리를 둘 가능성을 만든다. 악마는 자신의 정체, 자신의 마성(무의식적인 강박)을 드러낸다. "악마의 관대함은 바로 악마가 파멸하는 원인이다."[15]

이를 성서 해석의 역사에 적용해 보자. 성서 비평은 교리에 바탕을 둔 그리스도교 세계라는 초자아의 문화 지배에 대한 악마적 반란diabolical rebellion이라 할 수 있다. 자유주의 개신

---

14 "루시퍼는 세계를 창조하려 애쓰는 하느님의 뜻을 가장 잘 이해하고 그 뜻을 가장 충실히 수행한 존재였을 것이다. 하느님에게 반기를 든 루시퍼는 반대의 뜻을 가지고 하느님과 대결하는 피조물의 작동 원리가 되었다." Erich Neumann, *Depth Psychology and a New Ethic* (New York: G. P. Putnam's Sons, 1969), 141. 하지만 이런 주장은 사탄이 이중성을 지닌 것으로 보는 것이 아니라, 하느님의 어두운 측면이 형상화된 것으로 보는 것이다. 그리고 이때 유일신론monotheism이란 다양한 신과 대비되는 유일신에 대한 믿음이 아니라 다양한 신을 포괄하는 신성Godhead에 대한 믿음이다. Rivkah Schärf Kluger, *Satan in the Old Testament* (Evanston, Ill.: Northwestern University Press, 1967), 10.

15 David Bakan, *Sigmund Freud and the Jewish Mystical Tradition* (Princeton, N.J.: D. Van Nostrand Co., 1958), 232~33. 또한 다음을 보라. David Bakan, 'Psychological Characteristics of Man Projected in the Image of Satan', *On Method* (San Francisco: Jossey-Bass, 1967), 160~69.

교 집단에서 이런 반란은 대체로 성공을 거두었다. 거리를 확보했고, 자유와 진리의 가능성을 얻었다. 한동안 성서 비평은 우리를 해방시켰고, 개인의 형성을 돕는 창조적 역할을 맡았다. 적어도 바칸이 "주도적 기능"agentic function이라 부른 것이 "친교의 기능"communion function과 변증법적으로 관계 맺고 있는 한, 즉 거리 두기로 인해 생긴 분리가 최종적으로 극복되는 한 말이다.

그러나 오늘날 성서 비평은 새로운 기득권이 되었다. 이제는 교리에 바탕을 둔 그리스도교 세계가 아니라 성서 비평 연구자 집단이 수많은 성서 해설가의 내면에서 냉혹한 초자아 역할을 수행한다. 연구자가 인정받고 승진하기 위해 연구자 집단의 기준을 따를 수밖에 없다면, 자아는 초자아에 굴복할 수밖에 없다. 이때 연구자는 집단의 인정을 받기 위해 자신이 지닌 고유한 힘, 삶의 물음, 가장 깊은 곳에서 일어나는 갈망을 포기한다. 이렇게 자아를 정당화하는 권위를 자아 바깥에 배치하면 어떤 보상을 받든 결국 남는 것은 불안이다. 바칸은 악마 숭배의 자연사를 도식화한 글에서 이런 자멸적 불안 증상을 "부정"denial이라 부르며 고전적인 신학에서

는 이를 "노예 의지"라고 부른다.[16]

거리 두기가 이중성을 지녔다는 점을 기억하라. 사탄은 순수한 악이 아니라 양면을 지닌 존재다. 사탄은 한 사람이 부모와 융합된 정체성, 자신이 물려받은 유산에 대한 소속감에서 벗어날 때 마성적 힘이 필요하다는 실존의 진실을 구체화한 것이다. 성서 비평 또한 이런 양면성을 지니고 있다. 성서 비평은 사람들이 신경Creed을 기계적으로 받아들이기를 거부하고 비판적 태도를 취하는 과정에서 중요한 문화적 역할을 수행했다. 이때 성서 비평이 밝혀낸 (그리고 여전히 밝혀내고 있는) 귀중한 정보들에 우리는 감사를 표해야 할 것이다. 그러나 동시에 신앙생활에서 성서 비평의 재구성하는 힘은 과대평가되었다. 성서 비평의 본질은 방법론적 회의주의 methodological skepticism이고, 원리상 대상을 해체하므로 그 자체로는 재구성이 불가능하기 때문이다. 이렇게 전통과 단절되면서 일어난 불안을 해소하기 위해 두 가지 경향이 출현한다. 하나는 실존을 분열시키는 것이다. 이 길을 택한 이는 성서 비평이라는 매서운 바람을 피하기 위해 성채를 쌓아 믿음을 고립시킨다. 또 다른 하나는 부정에 의지해 살아가는 것

---

16 Peter Homans, *Theology after Freud*, 142.

이다.[17] 시간이 지날수록 점점 더 힘을 얻은 건 두 번째 길이다. 객관주의는 주체-대상이라는 이분법을 모든 실존의 규범으로 삼고, 대상을 지배함으로써 삶을 구축하려 한다. 첫 번째 대안이 망상이라면, 두 번째 대안은 우상 숭배다.

우상 숭배라는 용어에 쌓인 먼지를 털어 낸 사람은 신학자가 아니라 심리학자인 데이비드 바칸이다. 그는 우상 숭배란 탐구에 대한 감각, 신선한 경험에 대한 감각을 상실한 상태라고 말했다. 달리 말하면 어떤 방법이나 도구, 개념이 일생의 갈망을 궁극적으로 충족해 주리라고 쉽게 단정하고 이를 고착화하는 것이다. 우상 숭배는 "불완전하지만 즉각적인 만족으로 갈망을 매수"하는 것이다. 신경증과 마찬가지

---

17 전자와 관련해 성서 신학 운동은 탈신화화demythologization라는 도전을 피하려다가 과거에 대한 향수에 빠져 버리고 말았다. "히브리 심성"에 대한 애착, 구원사Heilsgeschichte라는 도식, 역사적 예수를 찾으려는 특정 시도는 번역이라는 문제를 건너뛰고 과거의 이해를 그대로 규범화한다. 달리 말하면, 전통과 합일을 상실한 상태에 대한 대안으로 과거의 권위를 떠받든다. 여기에 긍정적인 면이 있음을 부정할 수는 없다. 하지만 이를 위해서는 실존 이해에 우리 삶의 특정 가능성을 투영해야 한다. 그렇기에 성서 신학 운동의 실존 이해는 우리 일상과 곧바로 연결되지 못하며, 역사적으로 얼마나 타당하든 망상이다. 눈먼 오이디푸스처럼 성서 신학 운동은 우리가 시도한 부정의 결과를 억압한다. 이런 맥락에서 성서 신학이 해석학과 관련된 문제를 회피하는 것은 그리 놀라운 일이 아니다(이는 고전주의자들이 흔히 저지르는 오류라 할 수도 있다).

로 우상 숭배는 작은 만족을 얻기 위해 중간 기착지에 눌러 앉는 것이다. 이런 우상 숭배에 사로잡히면 실제 자극에 생생하게 반응하는 대신, 주어진 방법론이 제공하는 경직된 틀을 따라 기계적으로 반응하게 된다. "나는 우상 숭배를 일종의 '갇힌 상태'로 정의한다." 바칸은 이런 상태를 "방법론에 대한 숭배"라 말하기도 한다. "방법론을 바탕으로, 그 방법론이 지향하는 대상에 다가가는 것이 아니라 방법론 그 자체를 숭배할 때 학문은 우상 숭배로 변질된다."[18]

이러한 맥락에서 성서 비평은 작동하지 않는다기보다는 이해를 위한 변증법의 두 번째 계기에 갇혀 있다고 볼 수 있다. 성서 비평은 반정립에 고착된 채 움직이지 못하고, 필요한 단계였으나 소외된 거리에 멈춘 채 자신의 승리에 사로잡혀 있다. 객관주의는 악마와 같이 하강했으나 거기서 벗어나지 못하고 있다. 이를 넘어서기 위해서는 객관주의를 부정해야 한다.

두 번째 부정: 부정의 부정

해석자는 자신과 본문 간의 거리를 언제나 존중하려 했지

---

18 David Bakan, 'Idolatry in Religion and Science', *On Method*, 154~58.

만, 똑같은 이유로 그 거리를 극복하려 했다.[19] 분석에서 벗어날 방법, 비평의 칼날을 피할 방법은 없다. 후세가 우리를 어떻게 평가하든, 우리는 이 길을 끝까지 가야 할 운명이다. 하지만 그 끝은 선형적인 것이 아니고 변증법적인 것이다. 비판은 비판자들을 향한다. 파괴할 것이 아직 남았지만, 이번 목표는 바로 파괴자를 파괴하는 것, 근대적 인간의 확신을 무너뜨리는 것이다. 의심이 고개를 들지만, 이번에 의심해야 할 대상은 의심의 당사자들, 의혹을 제기한 우리이다.[20]

언젠가 마르크스Karl Marx가 말했듯 교육자도 교육받아야 한다는 사실을 잊어서는 안 된다. 오늘날 용어로 말하면, 세뇌하는 사람도 세뇌되었다.

> 역사가는 역사를 쓰는 사람이기 전에 역사의 산물이다. …
> 역사의 흐름 속에 있는 것은 사건들만이 아니다. 역사가도
> 그 안에 있다.[21]

---

19 Ernst Fuchs, 'Response to the American Discussion', *The New Hermeneutic* (New York: Harper & Row, 1964), 238.

20 Paul Ricoeur, 'The Language of Faith', *Union Seminary Quarterly Review*, 1973.

21 Edward H. Carr, *What Is History?* (New York: Knopf, 1961), 44, 51. 『역사란 무엇인가』(까치)

따라서 객관주의가 만들어 낸 소외된 거리를 극복하려면 우리는 먼저 우리 자신으로부터 거리를 두어야 한다.

"반대하기"to object는 대상object을 조종하면서 자기주장을 펴는 주체에게 대상이 가하는 반격이다. 대상은 변증법적 상승의 계기 안에서 반대를 통해 주체를 지배한다. 이렇게 해서 '오브젝트'object의 본래의 의미, 즉 길을 막고 있는 것, ('던지다'를 뜻하는 '야케레'jacere와 '앞에'를 뜻하는 '오브'ob가 합쳐진) '오브옉툼'objectum의 의미가 되살아난다. 대상은 '게겐슈탄트'Gegenstand, 우리를 마주하고 서서 우리에게 저항하고 반대하고 우리와 갈등하는 존재, 수동적인 검토의 대상이 아니라 능동적인 주체가 된다.

바칸에 따르면 프로이트가 위대한 이유는 꿈, 말실수, 농담처럼 우리가 거리를 두고 바라보지 못했던 사유 대상들과 연구자 사이의 거리를 놀랄 만큼 늘렸기 때문이 아니다. 프로이트가 위대한 이유는 환자들의 꿈뿐만 아니라 자신의 꿈, 꿈에 대한 자신의 반응까지도 기꺼이 분석 대상으로 삼을 만큼 용기 있었기 때문이다. 그 결과 탄생한 정신 분석은 프로이트 자신의 우울증을 완화해 주었을 뿐만 아니라 새로운 종

류의 치료법을 발견하는 길을 열었다.[22]

성서 비평은 프로이트가 성취한 것들을 대체로 놓치고 있다. 성서 비평은 본문과 관계 맺을 수 있는 관점을 제공하기보다는, 멀찍이 거리를 두고 그 상태에서 멈춘다. 그 결과 우리는 본문과 동떨어져 있다는 느낌을 받는다. 우리는 우리 자신과 친교를 나누는 데 실패했고, 대상이 우리에게 침투하도록 허용하는 데도 실패했다. 변증법적 과정에서 대상화는, 합일 상태를 벗어난 주체가 자신은 분석 과정에서 드러나지 않는 존재이기 때문에 대상에게 영향을 받지 않는다고 믿는 단계다. 이 취약함을 주체가 깨닫는다면, 다음 단계를 향한 길이 열릴 수 있다.

심리 치료 과정은 독자와 본문이 어떤 관계를 맺어야 하는지를 암시한다. 분석자는 환자를 보기 위해 그와 거리를 두기 때문에 치료는 객관적인 성격을 띤다. 그러나 동시에 전이가 일어나기 위해 치료는 인격적이어야 한다. 게다가 분석자는 기꺼이 변화할 준비가 되어 있어야 한다. 칼 로저스 Carl Rogers는 심리 치료에 수반되는 실질적인 위험에 대해 언급한 적이 있다.

---

22 David Bakan, *Sigmund Freud and the Jewish Mystical Tradition*, 232, 251.

우리에게는 용기가 필요하다. 다른 사람을 진정으로 이해하려면, 그 사람의 사적인 세계에 들어가 그에게 삶이 어떻게 보이는지를 보려면, 그러면서 아무런 평가도 내리지 않으려면, 우리 자신이 변화할 위험을 감수해야 한다. 우리는 그 사람처럼 세상을 보아야 하고, 그러다 보면 우리의 태도와 성격도 영향을 받는다는 사실을 알게 될 것이다. 이처럼 변화할 위험이라는 것은 우리가 마주하게 될 가장 두려운 일이라고도 할 수 있다. 내가 신경증 환자나 정신 질환자의 내밀한 세계에 빠져든다면, 그 세계에서 나를 잃어버릴 위험이 있지 않겠는가? … 우리 중 절대다수는 듣지 못하는 사람들이다. 우리는 듣는다는 행위가 너무나 위험해 보여서 듣지 않고 평가하려 한다. 그러므로 심리 치료의 첫 번째 조건은 용기다. 하지만 우리가 언제나 용기를 내지는 않는다.[23]

언젠가 오이겐 로젠스토크-휘시 Eugen Rosenstock-Huessy는 데

---

23 Carl Rogers, *On Becoming a Person* (Boston: Houghton Mifflin Co., 1962), 333. 『진정한 사람되기』(학지사) 이런 기준을 충족하지 못하는 심리 치료사가 많다는 충격적인 사실은 한 환자가 자신에 대한 분석에 "반격"을 가한 녹취록이 폭로되면서 알려졌다. 'A Psychoanalytical Dialogue with a Commentary by Jean-Paul Sartre', *Ramparts Magazine* 8/4 (1969).

카르트주의에 대해 이렇게 대답했다. "내가 변화하는 한이 있더라도 응답해야 한다"Respondeo etsi mutabor. 데카르트주의는 자연이 던지는 물음을 포착하고 해답을 궁리하기 위해 인간과 자연이 거리를 두어야 한다고 주장했다. 하지만 이제 그런 방식은 그 자체로 사회 문제가 되었다.[24]

이제 해석은 두 번째 부정을 통과해야 한다. 우리는 분명한 결론이 나지 않은 상태를 견디지 못하는 감정의 성향과 '현재'의 물음, 언어, 관점을 쉽게 수긍하는 경향을 버려야 한다. 우리는 리쾨르가 "주체의 고고학"archaeology of the subject이라 부른 것을 실현하기 위해 자기 분석과 사회 분석이라는 불타는 강을 통과해야 한다.[25] 이 고고학은 두 가지 도구를 갖추고 있다. 하나는 성서 비평의 문화적 역할에 대한 지식 사회학적 분석이고, 다른 하나는 우리가 본문을 읽는 방식에 대한 정신 분석학적 비평이다.

---

24 Eugen Rosenstock-Huessy, 'Farewell to Descartes', *Out of Revolution* (New York: William Morrow & Co., 1969), 751. 그러나 로젠스토크-휘시는 거리두기가 여전히 필수적인 변증법적 계기임을 파악하지 못하고 있다.

25 Paul Ricoeur, *Freud and Philosophy* (New Haven, Conn.: Yale University Press, 1970), 419.

A. 지식 사회학적 분석

세속화의 바람이 거세게 불면서, 성서 비평은 종교 전통을 탈신비화하는 데 핵심적인 역할을 했다. 위르겐 하버마스 Jürgen Habermas는 세속화 이후 전통적 세계관이 사회를 통합하는 신화적 의식으로서의 힘, 문화의 중심 의례로서의 힘을 상실한 과정을 자세히 서술한 바 있다. 한편으로 (자본주의의 발흥 같은) 세속적 목적을 달성하는 데 "유용한" 경우, 전통적인 믿음은 (개신교 윤리 같은) 종교적 이데올로기의 형태로 개조되었다. 다른 한편 종교적 유산이 세속화를 방해하는 경우, 그 유산은 비판적 분석을 통해 믿음의 역사적 토대가 드러날 때까지 낱낱이 해체된 다음, 사뭇 다른 토대 위에서 재구성되었다. 합리주의적 윤리, 역사적 인과 관계, 유비의 원리, 기적에 대한 불신 같은 토대 말이다. 영원의 심장부에서 왔다고 여겨지던 것이 이제는 오점투성이인 인공물로 간주된다. 모세가 아니라 익명의 서기관들이 오경을 저술했다면, 예수가 우리가 아는 것과 같은 산상 수훈을 남긴 적이 없다면, 그러면 누구를 믿어야 하겠는가? 당연히 학자들이다. 전통의 권위는 전통을 비판하는 이들의 손에 넘어갔다.

이처럼 세심한 재구성 덕분에 전통은 유지되는 것처럼 보였고, 파괴는 혁신처럼 보였다. 하지만 모든 것이 달라졌다.

과학적 객관성과 무균 상태의 초연함이라는 겉모습을 들추면, 새로운 권위가 전통적 믿음의 정당한 권위마저 강탈하고 새로운 정당화 방식을 정립했다는 사실이 드러난다. 이 새로운 세계관은 과학적이라고 자부하기 때문에 수 세기 동안 이데올로기적 본성을 감출 수 있었다. 이데올로기는 자신이 타당하다고 주장하면서도, 그 주장의 정당성을 의심하지 못하도록 강요한다. 그렇게 세속주의라는 이데올로기가 태어났다. 세속주의는 과학의 이름으로 전통을 비판하면서 자신을 정당화했고, 기존의 권력을 대체했으며, 결국에는 현실의 권력관계가 대중의 관심과 분석의 대상이 되지 않게 만들었다.[26]

성서 비평이 성서를 탈신비화하는 데 기여한 바는 킨제이 보고서Kinsey reports가 성을 탈신비화하는 데 기여한 바와 유사하다. 성서 비평과 킨제이 보고서 모두 과학적 모형을 택했다고 주장해 설득력과 권위를 얻었다. 둘은 모두 자신이

---

[26] Jürgen Habermas, 'Technology and Science as Ideology', *Toward a Rational Society* (Boston: Beacon Press, 1970), 98~113. 이 지점에서 성서 비평 운동이 근본주의와 공생 관계에 있음을 생각해 볼 필요가 있다. 근본주의는 성서 비평에게 "탈회심할" 회심자들을 꾸준히 제공해 준다. 비평에게는 비평 대상이 필요하니 말이다. 성서 비평이 완전한 승리를 거두어 탈회심하고 세속화된 학생들이 대학과 신학교에 입학한다면 성서 비평의 미래는 어떻게 될까?

객관주의 입장을 유지하며 사실을 기술하기만 했다고 주장했으나, 실제로는 둘 다 가치 중립적이지 않았다. 이들은 모두 새로운 관점들을 반영한 세계를 창조했고 사람들의 가치관, 행동을 변화시켰다. 사람들이 진실을 알았기 때문에, 오직 그것 때문에 그런 변화가 일어났을까? 이들은 그렇게 주장했다. 그러나 성이 이미 탈신비화된 상태가 아니었다면 연구자들은 애초에 킨제이 보고서의 설문지를 구상하지도 못했을 것이고, 마찬가지로 애초에 성서의 탈신비화가 이루어지지 않았다면 연구자들은 역사 비평을 적용할 생각조차 하지 못했을 것이다. 나 또한 이런 과정들에 대한 가치 중립적 분석을 내세우지도 않았을 것이다. 탈신비화는 세속화의 핵심이고, 참된 자유가 피어날 공간을 만드는 데 필수적인 단계. 새로운 신비화라는 외피를 쓴 채 탈신비화를 진행하든, 과학적 필연이라는 기치를 내걸고 자유를 향한 길을 제시하든 마찬가지다(여론 조사에는 여론을 형성하는 효과가 있음을 기억하라). 이런 식으로 "순수한 서술"은 특정 방향으로 문화를 변혁하려 하는 의도를 감추고, "현실의 권력관계가 대중의 관심과 분석의 대상이 되지 않게" 만든다.[27]

---

27 "우리가 모든 철학자를 반쯤은 의심하고 반쯤은 조롱하며 대하는 이유는, 그들이 너무나 순진하다는 사실을 … 우리가 거듭 깨닫기 때문

성서 비평이 가치 중립적이지 않다는 사실은 모턴 스미스Morton Smith*의 연설에서 극명하게 드러난다. 이 연설은 신념의 측면에서는 그리 놀랍지 않지만, 그 솔직함만큼은 매우 인상적이다. 그에 따르면 역사 비평은 고전적인 의미에서 "무신론적"이다. 즉, 신이 존재한다고 해도 그가 이 세계에 개입하지는 않는다고 역사 비평은 가정한다.

모든 건전한 역사 비평은 바로 신의 역사적 개입을 거부하

이 아니라, 진리라는 문제가 아주 약간만 언급되어도 우쭐하게 소란을 피우는 그들이 정작 자신들의 일에서는 충분히 정직한 태도를 보이지 않기 때문이다. 그들은 모두 (그들보다 정직하고 멍청하며 '영감' 따위를 이야기하는 온갖 부류의 신비가들과 달리) 냉정하고 순수하며 신적으로 초연한 변증법의 자기 전개를 통해 자신들의 견해를 발견하고 그것에 도달한 듯이 구는데, 사실은 (보통 그들 마음속의 욕망이 추상화되고 여과된 것에 불과한) 선입견, 예감, '영감'을 옹호하기 위해 사후에 찾은 근거를 둘러대고 있는 것이다. 그들은 모두 변호인이라 불리기를 질색하는 변호인이고, 그들이 '진리'라 이름 붙인 자신들의 편견의 교활한 대변인이며, 이러한 사실을 스스로 용감하게 인정할 양심이라곤 전혀 없는, 적이나 친구에게 경고하기 위해서 ⋯ 이러한 사실을 알릴 만한 양심이나 용기라곤 전혀 없는 자들이다." Friedrich Nietzsche, *Beyond Good and Evil* (New York: Random House, Vintage edition, 1966), 12~13.

* 모턴 스미스(1915~1991)는 미국의 역사학자다. 하버드 대학교에서 공부하고 하버드 대학교 신학대학원과 히브리 대학교에서 박사 학위를 받았다. 이후 브라운 대학교, 드류 대학교를 거쳐 1957년부터 은퇴할 때까지 컬럼비아 대학교에서 고대사를 가르쳤다. 그리스, 로마 고전, 신약성서, 교부학, 유대교와 관련해 다양한 저술을 남겼다.

는 데서 출발한다. … 역사가는 자의적이고 임시적인 신의 개입 때문에 비정상적인 사건이 발생해서 특별한 역사적 결과를 낳는 일 없이 정상적인 현상만 존재하는 세계를 탐구 대상으로 삼는다. 이는 개인의 선호 문제가 아니다. 역사가라는 직업에 있는 필연성이다. 앞서 말했다시피 역사가의 책무란 우리에게 남은 증거를 가장 그럴듯하게 설명하는 것이기 때문이다. 신의 마음은 알 길이 없고, 당연히 그의 행위도 헤아릴 수 없다. 따라서, 신이 개입했을 가능성을 배제하지 않으면 가장 그럴듯한 원인이 무엇인지 따질 수 없다.[28]

하느님께서 역사 가운데 활동하신다고 주장하는 성서 학자들도 위 주장에 이의를 제기하는 경우는 드물 것이다. 하느님은 인간 행위자들을 통해 활동하신다고 생각하는 것이 일

---

[28] Morton Smith, 'Historical Method in the Study of Religion', *On Method in the History of Religions*, 12. 스미스는 역사 속 인물들의 마음에 신이 개입했을 가능성을 배제하지는 않는다. "계시는 누군가의 입맛에 맞게 만들어진 것이 아니라 개인 혹은 집단의 무의식이나 예언자의 '진실한 신념'의 표현이라는 (꽤 그럴듯한) 가정을 보더라도 … 원인에 관한 이러한 서술 역시 자연주의적이고 심리학적인 방식으로 분석하고 설명할 수 있으며, 그렇게 해야만 한다. 이 같은 설명은 자연적 인과로 엮인 일관성 있는 그물의 일부지만, 신은 그렇지 않다."

반적이기 때문이다. 우리는 이런 기능적, 방법론적 무신론에 너무나 익숙해진 나머지, 하느님이 얼마든지 자연과 역사에 개입하신다고 말하는 성서의 관점과 이런 관점이 엄청나게 다르다는 사실에 충격을 받지 않는다. 달리 말하면, 성서 연구자는 처음부터 세속주의 관점에 헌신하고 있는 셈이다. 연구자가 본문에서 조금이라도 의미를 발견하고자 한다면, 선택지는 세 가지다. 탈신화화 기획에 따라 본문을 해석하거나, 실용적 무신론의 태도를 택해서 본문이 하느님을 언급할 때마다 이를 다른 설명으로 대체하거나, 해석학적 문제 따위는 없다고 믿으며 자기 자신을 기만하는 것이다.

이런 맥락에서 신실한 성서 학자의 의식은 분열되어 있다. 그는 성서가 하느님의 실재성을 증언하기 때문에, 그 실재성이 자신의 삶이나 공동체의 삶에 영향을 미치기를 바라기 때문에 성서를 연구한다. 그러나 그는 기능적 무신론자로서 성서를 연구해야 한다. 연구 방법이 연구자를 연구 대상에서 소외시킨다. 이 방법을 따르는 연구자는 본문과 멀찍이 떨어져 있을 수밖에 없으므로 이 간극은 메울 수 없다. 연구자는 파우스트 콤플렉스, 노예 의지에 빠진다.

연구자가 ("믿음", "하느님", "진리" 같은) 대상들에서 소외되는 것이 문제의 전부라면, 그런 것들을 믿지 않음으로써 문제는 간단히 해소될 수도 있을 것이다. 그러나 이 소외는 문제의 일면에 불과하다. 연구자는 연구자 자신에게서 소외된다.

현대의 이론은 인간보다 저급한 것들을 다룬다. 별들마저도 평범한 것, 인간보다 저급한 것이 된다. … 인간을 대상으로 삼는 인간 과학에서조차도, 그 대상은 "인간보다 저급"하다. … 인간에 관한 과학 이론이 성립하려면, 인간을 인과율에 따라 결정되는 존재로, 자연의 여러 일부 중 하나로 간주해야 한다. 과학자는 그렇게 전제한다. 하지만 자유롭게 탐구하고 이성과 증거와 진리를 받아들이는 과학자 자신은 예외다. '인식하는 인간'은 '자기보다 저급한 인간'을 이런 식으로 파악하고, 이 과정에서 '저급한 인간'에 관한 지식을 습득한다. 모든 과학 이론은 '인식하는 인간'보다 저급한 사물들에 관한 이론이기 때문이다. 그래야만 이 사물들을 이론에 종속시키고, 통제하고, 이용할 수 있다. 따라서 인간 과학의 설명 대상인 '인간보다 저급한 인간', 물화된 인간은 인간 과학의 지시에 따라 통제되고 (심지어 "만들어지고") 이용된다. … 인간보다 저급한 것을 이용하는 목적 또한 저급한 어떤 것일 수밖에 없으므로, 이러한 이용의 결과가 모든 인간을 포괄한다면, 인식하는 인간과 이용하는 인간 모두 인간보다 저급한 인간이 되고 만다. 그 영향은 우리의 동료들에게 미치고 이내 우리를 이루는 모든 섬을 집어삼키며 결국 모든 인간을 포괄한다. 조종하는 인간은 자신의 이론으로 조종해 온 인간들과 똑같은 신세가 되는 운명을 피하지 못한다. 인간 과학의 힘이 광채를 발하는 가운데 인식하는 인간은 자신도 보편적인 인간과 저급함을 공유하고 있음을 깨닫는다. 그가 베푸는 자애는 자기 연민에 불과하며 그가 베푸는 관용은 자기 경멸의 또 다른 이름에 지나지 않는다. 우리는 가련한 꼭두가시, 그 이상도 이하도 아니다.[29]

이렇게 되면 학문의 발전은 과학, 기술, 진보의 논리에 따라 결정된다. 지식을 추구하는 일은 계속해 필연성을 따르는 일이 되는데, 이때 필연성은 지식의 발전에 따라 계속 새롭게 생겨난다. "기술이 주인의 주인 행세를 한다."[30] 이런 기술 지배적 태도는 방법의 발전 과정에 필연성이 있다고 생각하게 만들며(모턴 스미스가 언급한 "역사가라는 직업에 있는 필연성"을 떠올려 보라), (하버마스의 말을 빌리면) 배경 이데올로기background ideology가 되어 자신이 정당한 권위를 지닌다고 주장한다. 사

---

29   Hans Jonas, *The Phenomenon of Life*, 195~196.

30   Hans Jonas, *The Phenomenon of Life*, 193, 209.

회가 자기 이해를 시도할 때, 이 이데올로기는 인간이 사회 안에서 관계 맺고 소통하며 상호 작용하도록 돕는 생각들, 상징을 통해 이를 강화할 수 있는 모형들을 배제하고 이들을 과학에 바탕을 둔 객관주의 모형으로 대체함으로써 인간이 합리적 행위와 적응 행동이라는 범주로 자기 자신을 물화하도록 부추긴다.

> 이제 인간은 '도구 만드는 인간'homo faber으로서 자기 자신을 완전히 대상화하고 자신의 산물 안에서 독립적인 생명을 얻은 자신의 성취와 맞서게 되었을 뿐 아니라, '도구화된 인간'homo fabricatus으로 자신의 도구와 하나가 되었다.[31]

기술주의가 지닌 이데올로기적 위력 때문에 우리는 학문에

---

31 Jürgen Habermas, 'Technology and Science as Ideology', 105. 이 책에서는 신흥 부르주아지의 노동 계급 지배, 그리고 본문 지배를 정당화하기 위해 역사 비평이 어떠한 역할을 수행했는지에 대해서는 애써 다루지 않겠다. 언젠가 헨리 모투Henry Mottu는 부르주아지가 '객관적' 접근법의 외피를 쓴 채 하느님을 자신들의 편으로 묘사하지는 않았느냐는 도발적인 질문을 던진 적이 있다. 이와 연관해 우리는 그리스도교 신앙을 가진 학자들이 왜 기능적 무신론을 손쉽게 받아들였는지를 생각해 볼 수 있다. 그건 아마도 부르주아지에 속한 그들이 자신들에게 유리한 방식으로, 하느님에 관한 질문에 대한 답을 이미 받아들였기 때문일 것이다.

내재한 의식은 물론이고 지배와 관계 맺기, 조종과 친교의 차이를 망각했다. 이로써 이데올로기는 최종적인 승리를 거두었다.

대상을 지배하려는 시도는 지배자 자신을 잃어버리면서 끝났다. 객관적 관찰자가 되기 위해 자아를 지워 버린 주체는 자신의 구체성을 회복하는 주문을 잊어버렸다. 육신에서 쫓거나 세상을 떠돌게 된 고대의 악령처럼, 현대인은 근대성이라는 고유의 저주 때문에 자신의 삶으로부터 유리되었다고 느낀다. 이는 거리를 두기 위해 사탄에게 치른 비용이다. 객관주의의 지배로 인한 소외가 어떤 결과를 낳는지, 바리사이파와 세리에 관한 비유를 들어 설명해 보겠다.

예수께서는 자기네만 옳은 줄 믿고 남을 업신여기는 사람들에게 이런 비유를 말씀하셨다. "두 사람이 기도하러 성전에 올라갔는데 하나는 바리사이파 사람이었고 또 하나는 세리였다. 바리사이파 사람은 보라는 듯이 서서 '오, 하느님! 감사합니다. 저는 다른 사람들과는 달리 욕심이 많거나 부정직하거나 음탕하지 않을뿐더러 세리와 같은 사람이 아닙니다. 저는 일주일에 두 번이나 단식하고 모든 수입의 십분의 일을 바칩니다.' 하고 기도하였다. 한편 세리는 멀찍이 서서

감히 하늘을 우러러보지도 못하고 가슴을 치며 '오, 하느님! 죄 많은 저에게 자비를 베풀어주십시오.' 하고 기도하였다. 잘 들어라. 하느님께 올바른 사람으로 인정받고 집으로 돌아간 사람은 바리사이파 사람이 아니라 바로 그 세리였다. 누구든지 자기를 높이면 낮아지고 자기를 낮추면 높아질 것이다."(루가 18:9~14)

이 비유는 단순하고 명쾌하다. 하느님은 "불의하게 화를 내"면서 자신이 죄 많은 세리보다 우월하다고 생각한 바리사이파 사람을 무시하시고, 기꺼이 자기 자신의 삶에 물음을 제기하는 사람을 보살피신다. 이 비유는 해석학이 처한 상황을 거의 거울처럼 비추고 있지만, 학자의 관심은 다른 데 있다.

본문을 주해하는 학자의 임무는 두 인물의 사회적 역할을 설명하고, 비유를 듣는 사람들이 처음에는 자신을 종교적, 사회적 지위가 있는 바리사이파 사람과 동일시했다가 뜻밖에 세리가 의인으로 여겨지는 결말을 듣고 충격에 빠졌을 것임을 알려 주는 것이다. 그 임무를 마친 학자는 펜을 내려놓는다. 하지만 그는 자신이 무의식중에 본문을 어떻게 왜곡했는지는 까맣게 모르고 있다. 학자는 본문의 원래 의도를 비튼 정도가 아니라 완전히 뒤집어 버렸다. 이 본문을 잘 알고 있는 오늘날 그리스도교 독자들은 바리사이파 사람이 위선자라는 점, 예수가 세리를 칭찬했다는 점을 이미 알고 있다. 깊이 생각하지 않는 대다수 독자는 좀 더 긍정적으로 평가받는 인물과 자신을 동일시하기 마련이다. 따라서 오늘날 그리스도교 독자들은 거의 항상 자신을 세리와 동일시한다. 이처럼 전도된 동일시의 결과, 죄 많은 이가 올바르게 여겨진다는 역설은 묻혀 버리며 독자는 이 비유의 사회적 함의를 놓치게 된다. 좀 더 주목해 보아야 할 부분은 바리사이인과 세리라는 두 인물이 상징하는 것들이 예수라는 세 번째 관점 안에서 초월된다는 점이다. 세리가 올바르다는 주장은 세리 자신이 아니라 예수에게서 나온다. 그 전에 세리는 ("죄 많은 저"라는 표현에서 볼 수 있듯) 자신에 대한 기존 종교의 판단을 받아들여 내면화했다. 세리가 하느님께 올바른 사람으로 인정받았다는 이야기를 세리 자신은 절대 할 수 없다. 이 비유를 이해하려면, 바리사이인과 세리가 성전으로 상징되는 단일한 소외 구조의 양면임을 알아야 하고, 우리 자신의 경험 안에서 두 가지 태도 모두를 발견해야 하며, 모든 이를 올바르게 하시는 하느님의 사랑 안에서 이들을 화해시켜 초월할 수 있어야 한다. 하지만 세리가 "좋은 사람"이라 믿고 그와 자신을 동일시하는 이는 그냥 '불의한 사람' 꼬리표를 '의로운 사람' 꼬리표로 뒤집었을 뿐이다. 그렇게 하면 이 비유는 탐욕스러운 세금 징수인을 향한 싸구려 은총 이야기로 변질된다. 이 비유가 오늘날 인간의 자기 이해에 가하는 충격이 주해자의 객관적 기술이라는 명목 아래 은폐되었기 때문이다. 이처럼 주해자의 해석학을 전혀 고려하지 않는 본문에 대한 단순한 설명, 이를 부추기는 해석학은 부적절하다.[32]

다른 예를 들자면, 많은 (신자이기도 한) 성서 학자는 일부 고린토인들이 주장하던 신인神人 그리스도론god-man Christology을 공격하는 바울과 자신을 동일시하는 경향이 있다. 바울의 상황과 자신들이 상황이 엄청나게 다르다는 사실은 외면한 채 말이다. 한때 바울은 '신적인 인간'theios aner 개념을 받아들인 적이 있을지도 모른다. 그러나 그는 그 개념이 인간을 교만에 빠뜨리고 분열을 초래하는 경향이 있음을 알았고 이후 이를 거부했다. 잊지 말아야 할 사실은 바울도 자신이 "여러분 중 어느 누구보다도 이상한 언어를 더 많이 말할 수 있다"고, 진정한 사도로서 표징과 놀라운 일을 행했다고, 신비로운 환상을 보았다고 말했다는 것이다(1고린 14:18, 2고린 12:12,

---

[32] 헨리 모투는 사르트르Jean-Paul Sartre와 마르크스의 범주들을 가지고 이 비유를 주해한다. 나의 서술 또한 그의 연구에 빚지고 있다.

12:1~5). 초기 교회는 활력과 성령이 넘치는 충만한 상태에서 탄생했다. 바울의 십자가 선포는 바로 이런 맥락에서 타당성과 유의미함을 지닌다. 그의 의도는 초기 교회의 열정을 (완전히 없애는 것이 아니라) 자제시키는 것이었고, 자아가 지나치게 부풀어 오른 사람들에게 법률적 제재는 아니더라도 실질적 제한을 가하는 것이었다. 우리는 바울의 편에 서서 상황을 재구성한 다음 바울의 입장이 규범이어야 한다고 단정하곤 한다. 그러나 우리는 그때와는 완전히 다른 상황에 서 있다. 오늘날 공동체는 카리스마 운동과 거리가 멀고, 활력과 열정과 열광이 지나쳐서 우려를 낳는 일도 거의 없다. 완전히 반대다. 우리의 맥락을 주해하지 않은 채 바울의 십자가 신학을 받아들이면, 애초에 공동체를 위해 넘치는 활력을 활용하려고 고안된 신학을 우리의 영혼 없는 상태, 무력감, 지치고 맥 빠진 황혼기 그리스도교 세계의 종교적 불안감을 합리화하는 신학으로 만들어 버린다.

하나만 더 예를 들어보겠다.[33] 요한계시록 18장은 고통과 저항이라는 마르크스주의적 종교 범주로 분석할 수 있는 사

---

[33] 1970년 가을 학기에 유니온 신학교에서 진행한 '종말론과 혁명'Apocalypse and Revolution 강의에서 발췌한 내용이다. 이때 교수진은 폴레만Paul Lehmann, 헨리 모투, 그리고 나였다.

회 비판을 암시하고 있다.[34] 전례 형식을 띤 이 구절들의 이면에는 로마 제국에 대한 원시적인, 혹은 "야만적인" 정치 분석이 자리 잡고 있다. 일종의 해방 신학을 외치고 있는 것이다. 그러나 여기서 우리는 누가 이것을 읽고 전유할 수 있는지를 물어야 한다. 이 본문은 팔자 좋은 도련님들이 아니라 초기 그리스도인들처럼 억압당하는 이들, 분노의 충동으로 가득 찬 이들, 만연한 불의로부터 자유로워지기를 원한 이들을 위해 쓰였기 때문이다.

계시록 18장에 관한 역사 비평 주석들은 이 본문이 오늘날 어떤 진지한 함의를 지니는지 대체로 파악하지 못하는데, 이는 결코 우연이 아니다. 기존의 사회 질서에 만족하는 성서 해석자는, 찰나적이고 우연한 상황에 지나지 않는 것을 영원하고 절대적인 것처럼 생각하기 쉬우며 본문을 자신의 상황에 꿰맞추면서 본문이 해석자의 자기 이해와 삶의 방식을 뒤흔들 가능성을 최소화하기 위해 노력한다. 여기서 우리는 연구자의 사회적 지위가 연구 결과에 스며들어 있지는 않은지, 그 때문에 무언가가 은폐되지는 않았는지 의심해야 한다. 본문을 읽을 때 우리 안에서는 각자의 신념, 계급적

---

34 Friedrich Engels, 'On the History of Early Christianity', *Marx and Engels on Religion* (New York: Schocken Books, 1964), 316~347.

태도, 경제적 불안, 방어 기제, 합리화 기제가 작용한다. 우리 자신의 삶에 내재한 모순으로 인해 우리는 본문을 눈앞에 두고도 본문이 이야기하는 바를 보지 못할 수 있다. 따라서 우리는 우리가 읽는 방식에 들어있는 이데올로기적 편견과 맹목을 검토해야 한다. 우리가 사회 결정론으로부터 자유로워지려면 우리의 해석이 결정되는 방식에 관한 통찰이 필요하며, 본문에 대한 우리의 반응을 지식 사회학적으로 분석해 본문의 타자성과 연관 짓는 것은 이 과정에 도움을 줄 수 있다.

B. 정신 분석학적 접근

"주체의 고고학"은 좀 더 깊은 지층으로 들어간다. 사회적이기보다는 개인적인 이 지점에서는 정신 분석학이라는 도구를 사용하는 편이 적절하다. 문화적 거리라는 문제는 개념, 언어의 차이뿐만이 아니기 때문이다. 리쾨르가 말했듯이는 다른 시대의 언어와 개념이 간직한 근본 물음을 잊어버려서 생기는 문제이기도 하다. 이 망각은 정신 분석에서 선택적 억압이라고 부르는 것과 다르지 않다. 가다머의 말처럼어떤 본문을 낳은 물음에 다시금 귀 기울이려는 노력이 해석이라면, 실존에 대한 근본 물음을 망각하는 것은 해석을 어렇게 만드는 주요 장애물이다.

이는 오래전 랍비들의 통찰이기도 하다. 랍비들의 전승에 따르면, 모세가 받은 구전 율법의 상당 부분은 곧 잊혔다. 성문 율법에 남은 것은 옛날의 전체 율법에 대한 암시와 단편 뿐이다. 어떤 전승에 따르면 시나이에서 받은 구전 율법 가운데 삼천 개 이상이 모세가 세상을 떠난 뒤 애도 기간에 사라졌다. 여호수아 시대에도 수많은 율법이 사라졌다. 일부는 오드니엘이 복원했고 랍비 아키바도 일부 율법을 복원했다.[35] 이 같은 전승은 물론 랍비들의 주해와 연구를 합리화하려는 목적에서 생겨났을 것이다. 하지만 여기에는 인간의 온전한 삶을 가능하게 하는 물음과 답변을 우리가 잊어버렸다는 문제의식, 주해는 오늘날의 삶에 도움이 되도록 저 물음과 답변을 복원해야 한다는 생각이 담겨 있다. 에른스트 푹스Ernst Fuchs*는 바로 이것이 성서를 연구해야 하는 이유라고

---

[35]   Temura 16a, Menahot 29b.

*   에른스트 푹스(1903~1983)는 독일의 성서 학자이자 신학자다. 튀빙겐 대학교에서 법학을 공부하다 아돌프 슐라터의 강의를 듣고 신학에 매료되어 신학으로 전공을 바꾸었다. 마르부르크 대학교에서 박사 학위를 받았다. 이후 마르부르크 대학교, 튀빙겐 대학교에서 강의를 하다 1961년부터 1970년까지 마르부르크 대학교에서 신약학 교수직을 지냈다. 게르하르트 에벨링Gerhard Ebeling과 더불어 20세기 신 해석학을 주도한 학자로 평가받으며 선생인 불트만의 역사, 언어, 탈신화화 문

말한다. 본문이 없었다면 우리가 규명하지 못했을 것들을 알려 주기 때문이다.[36] 그렇다면 우리는 우리가 잊은 본문의 물음을 복원하기 위해서, 그 물음이 일으키는 무언가로부터의 소외를 극복하기 위해서 분투해야 한다. 리쾨르는 이 또한 파괴하는 과정, 파괴자의 확신을 해체하는 과정이라고 말한다. 그에 따르면 파괴와 해석 사이에는 심오한 공통점이 있다. 근대 이후 모든 해석학은 우상과의 투쟁이었고 결과적으로 파괴적이었다. 세 "의심의 대가들"masters of suspicion의 주장을 빌리면, 해석학은 이데올로기 비판(마르크스)이거나, 비현실 혹은 환상으로의 도피에 대한 비판(니체)이거나, 억압과의 싸움(프로이트)이다.

이 파괴를 거쳐서 우리는 원래의 말, 최초의 말을 들으려 한다. 우리는 한때 들었지만 더는 듣지 못하는 말, 그 말을 듣고자 한다.[37]

제를 심화시켜나갔다. 주요 저서로 『해석학』Hermeneutik, 『예수』Jesus, 『설교의 기쁨』Freude an der Predigt 등이 있다.

36 Ernst Fuchs, 'What Is Interpretation in the Exegesis of the New Testament?', *Studies of the Historical Jesus* (London: Student Christian Movement Press, 1964), 78.

37 Paul Ricoeur, 'The Language of Faith'. 또한 다음을 참조하라. Paul Ricoeur, *The Symbolism of Evil*, 349. "비판이라는 사막을 지나면, 우리는

하지만 탈신화화만으로는 최초의 말을 들을 수 없다. 우리의 세계관을 규범 삼아 고대의 세계관을 탈신화화하려는 일종의 교만이 영향을 미치기 때문이다. 우리는 우리가 속한 문화의 전제들과 현대인이 가진 확신을 물리쳐야만 리쾨르가 말한 "질문의 간격"을 회복하고 최초의 물음이 다시금 우리의 존재에 대한 물음이 되게 할 수 있다. 그렇게 하면 사태의 원인을 밝힌다고 자부하는 신화와 상징으로서의 신화를 구별하는 것만이 탈신화화의 과제가 된다. 탈신화화는 과학을 자처하는 신화의 허세를 폭로함으로써 신화의 상징 기능을 해방한다. 그러면 비판 이전의 융합 상태에 상응하는 비판 이후의 융합, 즉 "제2의 순진함" 단계에 이르러 상징이 지닌 강력한 직접성이 회복된다. 물론 이 모든 것은 거리 두기, 비판, "탈신화화" 위에서만 성립한다.[38]

이처럼 신화의 상징 기능을 복원하려면 사유하는 주체가 "굴욕"을 당해야 한다. 주체는 주체와 대상이라는 이분법의 의미론이 부여하는 유리한 위치를 버려야 한다. 파우스트는 이제 나르키소스가 되고 자기 모습을 보며 당혹감에 빠진다. 이제 종교적 상징이라는 대상뿐 아니라 생각하고 느끼

다시 부름받기를 원한다."

[38] Paul Ricoeur, *The Symbolism of Evil*, part 2.

는 주체도 탐구의 대상이 되어, 상징이 표현하는 현실과 관계를 맺는다. 이를 위해 리쾨르는 반反현상학antiphenomenology으로서의 정신 분석 심리학을 제안한다. 이 심리학의 목적은 주체의 고고학을 가지고 상징을 살펴보는 것이다. 해석이라는 행위는 주체 개인의 역사와 상호 관계를 맺기 때문에, 상징은 생각을 일으킬 뿐 아니라 개인성, 성격의 변형을 일으킨다.

> 해석자는 상징의 영역에서 합리성의 영역으로 이행하다가 문득 또 다른 방향으로, 즉 자신의 자아와 역사가 드리운 그림자 속으로 돌아가야 함을 깨닫는다. 자신의 존재가 삶과 역사라는 현실에 반영되어 있으며 이해의 순간 스스로 자신의 존재를 형성한다는 사실을 발견하기 때문이다.[39]

"주체의 고고학"이 어떻게 이루어지는지 알아보기 위해 중풍 병자를 고친 이야기를 예로 들어 보겠다(마태 9:1~8, 마르 2:1~12, 루가 5:17~26). 지금 적용하려는 방법은 엘리자베스 하

---

[39] Charles H. Long, 'Archaism and Hermeneutics', *The History of Religions* (Chicago: University of Chicago Press, 1967), 86~87. Peter Homans, 'Psychology and Hermeneutics: Jung's Contribution', *Zygon* 4 (1969), 351에서 재인용.

우스 박사와 샌프란시스코의 심리학연구협회에서 발전시킨 것이고, 내가 참여한 심리학연구협회 세미나 혹은 내가 직접 진행한 수업에서 이 본문을 다루며 모은 자료들을 종합했다. 지금까지 논의한 변증법적 해석학이 실제로 적용되는 방식을 구체적으로 알 수 있을 것이다.

어떤 모임에서 복음서의 중풍 병자 이야기를 주제로 토론 중이라고 가정하자. 우리는 소크라테스식 문답법을 탐구 방법으로 선택했다. 모임의 좌장은 자신이 사전에 수행한 본문 주해를 바탕으로 신중하게 물음을 던지면서 우리를 본문으로 안내한다.[40] 먼저 우리는 복음서 간의 차이를 식별하고 이

---

[40] 물론 가다머가 지적했듯 물음이 절대적으로 열려 있지는 않다. 어떤 물음이 의미 있고 적절하기 위해서는 답변이 제시될 방향을 이미 어느 정도 함축해야 하기 때문이다. 물음이 제기되면 물음의 대상은 특정한 관점에서 조명된다. 이 관점은 답변을 함축한다. 따라서 진짜 물음은 개방성, 즉 아직 답을 알 수 없음을 전제하는 동시에 필연적으로 특정한 경계를 전제한다. 그러므로 올바른 물음을 찾는 것이 가장 중요하고, 그러려면 물음을 던지는 사람 자신에 대해 지속적으로 성찰해야 한다. 그렇기에 우리는 처음에는 본문에 귀를 기울여야 한다. 본문 자체가 어떤 물음에 대한 답변이기 때문이다. 그러나 물음을 던진다는 것은 본문에서 말하는 것을 벗어나 다른 가능한 답변을 포괄한다는 의미이기도 하다. 본문의 답을 그대로 다시 말하는 것은 충분치 않다. 우리는 본문을 존재하게끔 만든 물음의 지평에 본문을 다시 위치시켜야 한다. Hans-Georg Gadamer, *Wahrheit und Methode* (1960) 『진리와 방법』(문학동네) Richard E. Palmer, *Hermeneutics*, 198~201에 인용된 부분 참조.

를 설명하면서 본문을 분석한다.[41]

물음의 시작은 이런 식이 될 것이다.

Q. 마태오, 마르코, 루가의 설명은 어떻게 다릅니까? 마태오 복음서는 네 사람이 지붕을 벗겨 중풍 병자를 내려보낸 이야기를 언급하지 않는데, 이를 어떻게 설명할 수 있을까요? 어째서 마태오는 신성 모독 혐의의 구체적인 내용을 설명하지 않았을까요? 마태오의 설명의 결말은 다른 복음서와 어떻게 다릅니까? 그 이유는 무엇입니까? 무엇이 더 앞선 시기의 자료일까요?

Q. 이 서사는 어떤 형식을 갖추고 있습니까? 마르코 2장 6~10절을 삭제하면 어떻겠습니까? 마르코 2장 12절에 따르면 "모두 크게" 놀라고 하느님을 찬양했다고 하는데, 율법학자들도 여기에 포함될까요? 하나의 서사 안에 두 가지 구전 전승(치유 이야기와 갈등 이야기)이 병존하는 것을 어떻게 설명할 수 있을까요? 교회가 이 전승들을 결합한 것일까요? 아니면 하나의 복잡한 사건을 설명하는 것일까요? 요한

---

41 *Gospel Parallels* (New York: Thomas Nelson & Sons, 1949)

마태 9:1~8	마르 2:1~12	루가 5:17~26
1 예수께서 배에 오르셔서, 바다를 건너 자기 마을에 돌아오셨다.	1 며칠이 지나서, 예수께서 다시 가버나움으로 들어가셨다. 예수가 집에 계신다는 말이 퍼지니, 2 많은 사람이 모여들어서, 마침내 문 앞에조차도 들어설 자리가 없었다. 예수께서 그들에게 말씀을 전하셨다. 3 그 때에 한 중풍 병자를 네 사람이 데리고 왔다.	17 어느 날 예수께서 가르치시는데, 갈릴리 및 유대의 모든 마을과 예루살렘에서 온 바리사이파 사람들과 율법교사들이 둘러앉아 있었다. 주님의 능력이 함께 하시므로, 예수께서는 병을 고치셨다. 18 그런데 사람들이 중풍병에 걸린 사람을 침상에 눕힌 채로 데려와서는, 안으로 들여서, 예수 앞에 놓으려고 하였다.
2 사람들이 중풍 병자 한 사람을, 침상에 누인 채로, 예수께 날라 왔다. 예수께서 그들의 믿음을 보시고, 중풍 병자에게 말씀하셨다. "기운을 내라, 아이야. 네 죄가 용서받았다."	4 무리 때문에 예수께로 데리고 갈 수 없어서, 예수가 계신 곳 위의 지붕을 걷어내고, 구멍을 뚫어서, 중풍 병자가 누워 있는 자리를 달아 내렸다. 5 예수께서는 그들의 믿음을 보시고, 중풍 병자에게 "이 사람아! 네 죄가 용서받았다" 하고 말씀하셨다.	19 그러나 무리 때문에 그를 안으로 들여놓을 길이 없어서, 지붕으로 올라가서, 기와를 벗겨 그 자리를 뚫고, 그 병자를 침상에 누인 채, 무리 한가운데로 예수 앞에 달아 내렸다.
3 그런데 율법학자 몇이 '이 사람이 하느님을 모독하는구나' 하고 속으로 말하였다.	6 율법학자 몇이 거기에 앉아 있다가, 마음 속으로 의아하게 생각하기를 7 '이 사람이 어찌하여 이런 말을 한단 말이냐? 하느님을 모독하는구나. 하느님 한 분 밖에, 누가 죄를 용서할 수 있는가?' 하였다.	20 예수께서 그들의 믿음을 보시고 말씀하셨다. "이 사람아, 네 죄가 용서받았다." 21 그래서 율법학자들과 바리사이파 사람들이 말하기를 "하느님을 모독하는 말을 하다니, 이 사람은 누구인가? 하느님 한 분 밖에, 누가 죄를 용서할 수 있는가?" 하면서, 의아하게 생각하기 시작하였다.
4 예수께서 그들의 생각을 아시고 말씀하셨다. "어찌하여 너희는 마음 속에 악한 생각을 품고 있느냐?	8 예수께서, 그들이 속으로 이렇게 생각하는 것을 곧바로 마음으로 알아채시고 그들에게 말씀하셨다. "어찌하여 너희는 마음 속에 그런 생각을 품고 있느냐?	22 예수께서는 그들의 생각을 알아채시고 말씀하셨다. "어찌하여 너희는 마음 속으로 의아하게 생각하느냐?
5 '네 죄가 용서받았다' 하고 말하는 것과 '일어나서 걸어	9 중풍 병자에게 '네 죄가 용서받았다' 하고 말하는 것과 '일어나서 네 자리를 걷어서	23 '네 죄가 용서받았다' 하고 말하는 것과 '일어나서

가거라' 하고 말하는 것 가운데서, 어느 쪽이 더 말하기가 쉬우냐?

6 그러나 인자가 땅에서 죄를 용서하는 권세를 가지고 있음을 너희들이 알게 하겠다." 그리고 예수께서 중풍병자에게 "일어나서, 네 침상을 거두어 가지고 집으로 가거라" 하시니,

7 그가 일어나서, 자기 집으로 돌아갔다.

8 무리가 이 일을 보고서, 두려움에 사로잡히고, 이런 권한을 사람들에게 주신 하느님께 영광을 돌렸다.

걸어가거라' 하고 말하는 것 가운데서, 어느 쪽이 더 말하기가 쉬우냐?

10 그러나 인자가 땅에서 죄를 용서하는 권세를 가지고 있음을 너희에게 알려주겠다." 예수께서 중풍 병자에게 말씀하셨다.

11 "내가 네게 말한다. 일어나서, 네 자리를 걷어서 집으로 가거라."

12 그러자 중풍 병자가 일어나, 곧바로 모든 사람이 보는 앞에서 자리를 걷어서 나갔다. 사람들은 모두 크게 놀라서 하느님을 찬양하고 "우리는 이런 일을 전혀 본 적이 없다" 하고 말하였다.

걸어가거라' 하고 말하는 것 가운데서 어느 쪽이 더 말하기가 쉬우냐?

24 그러나 너희는 인자가 땅에서 죄를 용서하는 권세를 가지고 있음을 알아야 한다." 그리고 예수께서 중풍 병자에게 말씀하셨다. "내가 너에게 말한다. 일어나서 네 침상을 치워 들고 네 집으로 가거라."

25 그러자 곧 그는 사람들 앞에서 일어나, 자기가 누웠던 침상을 거두어 들고, 하느님을 찬양하면서, 집으로 갔다.

26 사람들은 모두 놀라서, 하느님을 찬양하였으며, 두려움에 차서 말하였다. "우리는 오늘 신기한 일을 보았다."

복음서 5장에 나오는 비슷한 이야기를 참조하면 이와 관련해 어떤 생각을 해볼 수 있을까요? 마르코 복음서 3장 1~6절, 루가 복음서 13장 10~17절, 14장 1~6절을 참조하면 어떻습니까?

성서 비평과 관련된 이런 물음들은 (마르 2:1~3:6과 그 전말, 갈등 부분과 마르 2:1~12의 관계 같은) 본문의 맥락, 편집, 역사성의 문제로 무한히 이어질 수 있다. 좌장은 주어진 시간, 준비한

내용을 바탕으로 평가한 물음의 가치, 모임의 목적 등을 고려해 어디까지 물음을 이어갈지 결정해야 한다. 중요한 것은 각각의 물음을 모두 공평하게 대하는 것이 아니라, 특정 목표에 비추어 가장 중요하게 다루어야 할 물음을 정하는 것이다.

우리는 복음서들을 뒤섞어 서로 구별되지 않고 조화를 이루게 만들기보다는, 이 같은 시도를 통해 복음서 간의 차이를 식별하려 노력한다. 그러나 우리는 확실한 결론을 내리지는 않는다. 이 이야기는 기적 이야기와 갈등 이야기가 결합된 것인가? 그렇다고 한다면, 그중 무엇이 역사상 실제로 일어난 사건인가? 아니면 다른 세 개의 치유-갈등 이야기나 요한 복음서 이야기처럼, 어떤 복잡한 사건을 반영하는 혼합 형태인가? 나는 확실한 답을 선택할 수 있다고 생각하지 않는다. 비평의 결론이 이처럼 여러 갈래로 나뉘는 경우(이는 아주 흔한 일이다), 연구자들은 비평이라는 방법을 옹호하기 위해 독단적인 태도를 취하곤 한다. 그 결과, 실제 가능한 정도보다 훨씬 강한 확신을 가지고 증거를 제시하면서, 가능성은 개연성이 되고 개연성은 반론의 여지가 없는 사실로 굳어진다.

그러나 비평의 결과보다는 비평 과정 자체가 더 중요할

수 있다. 비평을 통해 우리는 거리 두기에 성공했다. 비평 덕분에 성서가 전적으로 영감의 산물이라는 견해나 문자주의, 성서 숭배 같은 주장은 힘을 잃고 우리는 그리스도론이라는 틀에 갇히지 않은 채, 독실한 체하지 않으면서 예수의 생애를 마주할 수 있게 된다. 그리고 이 과정에서 문학적 문제들이 눈에 들어온다. 물론, 이런 문제들을 모두 해결해야만 다음 단계로 나아갈 수 있는 것은 아니다. 어쩌면 비평에 관한 자세한 해설도 불필요할 수 있다. 어떤 분석 방법을 사용해야 하는가는 비평이라는 방법이 아니라 본문이 제기하는 문제가 결정해야 한다.

이제 우리는 이야기에 더 깊이 발을 들여놓는다. 우리는 각자에게 가장 설득력 있어 보이는 비평적 결론을 바탕으로 논의를 이어간다(개연성의 문제를 다룰 때 반드시 의견 일치를 이루어야 한다는 생각은 독단적인 오류다). 다시 한번 본문을 따라가면서, 역사적 상상력을 동원해 가능한 한 생생하게 장면을 되살려 보고, 역사 자료나 문학 자료를 참조하여 사변이 공상에 빠지지 않도록 유의한다.[42] 이런 중간 단계에서 우리는 예

---

42 이 같은 절차는 꿈을 분석할 때 사용되는 확충법과 비슷한 점이 있지만, 분석에 참여하는 모든 사람이 결론에 일정 부분 기여한다. Elizabeth Boyden Howes, 'Analytic Psychology and the Synoptic Gospels', *Intersection and Beyond* (1971), 152.

수 혹은 교회가 치유와 용서의 관계에 대해 어떻게 생각했는지, "인자(사람의 아들)"란 무슨 의미인지, 하느님의 본성에 대한 서술은 무엇을 전제하고 있는지 물을 수 있다. 이 같은 사실에 대한 물음 덕분에 우리는 본문에서 가장 낯설고 뜻밖인 지점을 식별함으로써 무비판적이고 성급한 자기반성에 빠져들지 않게 된다.

두 번째 단계에서는 다음과 같은 물음을 제기할 수 있다.

> Q. 마르코 복음서가 묘사한 장면을 상상해 봅시다. 네 명의 친구가 중풍 병자를 예수에게 데려온 이유는 무엇입니까? 예수에게 가까이 갈 수 없음을 알고 그들은 무엇을 했습니까? 예수는 그들의 어떤 점을 "보고" 이를 "믿음"이라 여겼을까요? 중풍 병자 본인의 태도를 알려 주는 증거가 있을까요? 예수는 용서에 관해서 어떤 말을 했습니까? 예수는 그를 용서합니까? 율법학자들은 예수의 말을 어떻게 들었습니까?[43] "어느 쪽이 더 말하기가 쉬우냐?"라는 말은 무슨 의

---

43 이 이야기가 별개의 두 문학 요소의 결합이라고 보는 이들은 (치유 이야기와 용서를 둘러싸고 종교 당국과 갈등하는 이야기를 병치함으로써 교회가 어떤 효과를 얻으려 했는지 묻는 등) 편집 비평의 차원에서 율법 학자들에 대해 생각해 볼 것이다. 역사 비평 차원에서든 편집 비평 차원에서든 경험이 요구된다. 독실함은 사회적 신경증처럼 작용하여 자신과 타

미일까요? "인자"는 도대체 누구일까요?

다시 한번, 우리는 본문을 새로운 관점에서 보게 된다. 이 단계에 이르면 주체와 대상의 거리가 허물어지면서 주체에 대한 물음이 제기된다. 우리는 본문이 우리 안에서 어떻게 울려 퍼지는지 물어야 한다. 꿈 분석의 혁신을 가져온 통찰, 즉 꿈에 나오는 인물들은 꿈꾸는 사람의 정신 현상을 반영한다는 통찰은 성서 본문을 분석할 때도 어느 정도 적용될 수 있다. 본문 이야기는 꿈과 달리 우리가 창작한 것이 아니라 해도, 우리 안에서 영향을 미치는 정신적, 사회적 실재와 이야기가 공명하면서 무언가를 환기하기 때문이다. 그러니 복음서 이야기의 등장인물들을 자기 이해를 위한 도구로 삼는 것은 타당한 일이다. 그다음 물음은 이렇게 이어질 수 있을

인의 치유를 막곤 하는데, 이처럼 치유에 저항하는 이유는 개인과 사회의 의식이 받아들이지 못하는 것을 분리하고 억압하는 경향이 있기 때문이다. 이 이야기에서 용서의 역할은 바로 이 지점과 연결된다. 그러므로 "율법학자들"은 그저 특정 유대인들을 가리키는 말이 아니며, 우리가 은근하게 혹은 노골적으로 품은 반유대주의 정서에 기대어 경멸할 수 있는 존재도 아니다. 이들은 도덕적 규준을 확립한 모든 종교의 고질적인 문제다. 그리스도교인들은 바리사이인들을 향해 거의 언제나 "바리사이적" 태도를 취한다. 니체가 말했듯 "바리사이주의는 선한 인간의 타락한 일부가 아니라, 오히려 모든 선함의 조건에 가깝다".

것이다.

> Q. 우리 안의 "중풍 병자"는 무엇일까요? 말하자면, 우리
> 자신의 어떤 측면이 이 등장인물과 상응한다고 할 수 있
> 을까요?

이 물음에 대해서 구성원들은 다양한 방식으로 응답할
수 있다.

- 학문이라는 틀에 지나치게 얽매이는 태도, 모든 것을 지적
  훈련으로 환원하려는 자세입니다.
- 여성으로서 가지고 있는 억압된 힘인 것 같습니다. 이 힘
  은 아주 거칠게만 표출될 수 있어요. 예나 지금이나 여성
  이 힘을 가지는 건 허락되지 않으니까요.
- 감정을 느끼는 능력을 상실했다는 점인 듯합니다. 어떤 사
  건이 일어나도 그걸 어떻게 느껴야 하는지 모르겠어요.
- 잃어버린 어린 시절 10년이 떠오르네요. 이걸 어떻게 되찾
  아야 할지 모르겠습니다.
- 이런 모임에서 자연스럽게 말하지 못하는 것이요.

Q. 그러면 우리 안의 "율법학자"는 무엇일까요?

- 항상 나 자신을 판단하고 내가 가치 없는 사람이라고 느끼게 하는 부분 같습니다.
- 나의 "율법학자"는 주지주의입니다. 내 안의 신학자, 내 안의 회의주의자 말이지요.
- 내 안의 "율법학자"는 이 모임이 마음에 들지 않는다고 말합니다.
- 내가 지닌 상처 입은, 불완전한, 사악한 부분을 모른 체하면서 내가 훌륭하다고 생각하게끔 만드는 나의 일부인 것 같아요. 그래서 내 안에 율법학자는 중풍 병자가 있다는 사실을 혐오하고, 이를 어떻게든 억누르려 합니다.

Q. 본문에서, 그리고 우리 안에서 "율법학자"는 왜 "중풍 병자"가 치유되기를 바라지 않을까요?

- 중풍 병자도 자신의 일부라는 사실을 인정하고 싶지 않기 때문인 것 같습니다. 자신은 훌륭하다는 믿음이 너무 강하기 때문이지요.
- 저의 이런 부분을 닮은 사람들 앞에 서면 저는 몹시 독선

적으로 행동합니다. 제 안에 있는, 제가 용납할 수 없는 부분을 그 사람들에게서 보면, 치워 버리려고 하지요.

Q. 그렇다면 "율법학자"와 "중풍 병자"는 어떤 관계에 있을까요?

- 중풍 병자도 율법학자만큼이나 딱한 상황입니다. 율법학자가 자신에 대해 내린 판단을 옳은 것이라 믿고 내재화했으니 말이지요. 예수가 그의 죄를 용서한다는 말로 치유를 시작한 이유도 거기에 있지 않을까요? 중풍 병자는 자신이 지은 죄 때문에 병을 얻었다는 편견을 받아들였으니 말이지요.
- 이게 정신 신체 마비 증상이라면 그게 옳을 수도 있습니다. 적어도 본문에서 예수는 중풍 병자에게 정말 죄가 있는 것처럼 대하시니까요.
- 어쩌면 중풍 병자는 자신이 아프기를 바랐는지도 모릅니다. 무슨 말이냐 하면, 예수가 중풍 병자에게 용서가 필요하다고 생각한 것을 보면, 그 병자는 그 전에 어떤 짓을 저질러서 무의식중에 처벌을 원했을지도 모릅니다. 다시는 죄를 짓지 않기 위해서 움직이지 못하는 상태가 되기를 바

랐다고 할까요. 그러니까 예수는 문제의 핵심을 짚어서 그 병자가 형벌에서 벗어날 준비가 되었는지 알려고 한 걸지도 모릅니다.

- 맞아요. 어떤 의미에서 병자는 스스로 하느님이 되어서 자신을 심판하고 형벌을 내린 거라 할 수 있을 것 같네요. '더러운 죄인, 죄에 대한 벌로 너를 마비시키겠다.' 이렇게 말이지요.

- 중풍 병자에게는 자신을 비난해 줄 율법학자가 필요했습니다. 율법학자에게는 우월감을 느끼게 해 줄 중풍 병자가 필요하고 말이지요. 모든 "율법학자"에게는 자기만의 "중풍 병자"가 있고, 모든 "중풍 병자"에게는 자기만의 "율법학자"가 있는 것 같습니다.

Q. 그렇다면 중풍 병자를 도운 네 사람은 누구일까요? 치유의 원천에 다가가기 위해서 우리가 이용할 수 있는 자원은 어떤 것들이 있을까요? 중풍 병자와 도와주는 이들이 모여서 치유를 향해 나아가는 것, 결국 그게 이 이야기의 내용이 아닐까요?

- 내면의 차원을 말하는 건가요? 아니면 외적 차원에서?

- 둘 다 이야기해 볼 수 있지 않을까요.

- 저를 위해서 이런 일을 해 줄 친구 네 명이 있는지 떠올려 봤습니다.

- 어쨌든 우리는 스스로 치유될 수 없는 것 같아요. 이건 "자아실현"이 아니라, 치유로 향하는 과정에 참여하는 것에 가깝습니다.

- 저는 지금 토론이 흘러가는 방향에 불만이 있어요. 복음의 이야기를 무슨 자가 치유 아니면 치료 모임처럼 자기 자신을 이해하고 바로잡는 문제 정도로 취급하는 함정에 빠져 버린 것 같습니다. 저도 예전에는 그런 식으로 생각하곤 했지만 지금은 아닙니다. 제가 생각하기에 중요한 문제는 용서예요. 용서라는 게 정말로 가능합니까? 용서받는다는 건 도대체 무슨 의미지요? 그러니까, 둘러앉아서 계속 우리 고민만 늘어놓고 싶지는 않네요. 저는 하느님이 이 문제와 어떤 식으로 관련되는지 생각해 보고 싶습니다. (잠시 적막이 흐른다.)

- 음, 예수는 왜 ("하느님께서 너의 죄를 용서하신다" 대신 "너의 죄는 용서받았다"라고) "신성한 수동태"를 사용할까요? 하느님이 중풍 병자의 죄를 용서하셨다고 말하는 걸까요? 아니면 그냥 더는 죄의식에 사로잡히지 말고 잊어버리라고 하는

걸까요? 아니면 죄라는 건 너무 큰 문제이기에 다루지 않

겠다고 하는 걸까요?

- 그건 순전히 오늘날의 관점을 투영한 생각 같네요. 예수는
  죄라는 문제를 아주 심각하게 고민했다고 생각합니다. 하
  느님께서는 두말할 것도 없으시고요.

- 예수는 이 병자의 생명을 위해 싸웠습니다. 저는 이렇게
  말한 거라고 봐요. "그래, 너는 죄를 지었다, 하지만 새롭
  게 출발할 수 있어. 다시 시작해라. 다 괜찮다. 나는 너를
  사랑한단다. 이제 가거라."

- 지금 느끼는 대로 말해 볼게요. 율법학자들은, 예수가 자
  신에게 죄를 용서하는 힘이 있다고 주장했다고 생각했습
  니다. 예수는 그렇게 주장한 것 같기도 하고 아닌 것 같기
  도 해요. "너는 죄를 용서받았다"라는 말과 "땅에서 죄를
  용서하는 권한이 사람의 아들에게 있다"는 말은 약간의
  긴장을 만들어 냅니다. 하지만 어떤 경우든 예수는 병자
  가 용서받았음을 명백히 주장하지요. 교회는 예수가 병자
  의 죄를 용서했다고 확신했습니다. 적어도 마태오의 복음
  서를 보면 "사람에게 이런 권한을 주신 하느님을 찬양하였
  다"고 되어 있으니까 말이에요. 이렇게 말할 수도 있을 것
  같습니다. 치유하는 힘은 예수에게 있었습니다. 하지만 중

풍 병자에게도 있었지요. 예수는 병자 안에 있는 그 힘을 불러일으킨 것입니다. 저는 바로 이 힘이 교회 안에도 있다고 믿어요.

- 성령 이야기처럼 들리네요.

Q. 성령이라는 말을 쓰지 않고 좀 더 이야기해 볼까요?

- 예수는 병자 안에 있는, 삶을 변혁하는 힘을 불러일으켰다고 할 수 있을 것 같아요.

- 그래서 병자는 예수에게 가야 했던 거지요. 누군가가 우리 안의 힘에 불꽃을 일으켜 줘야 합니다. 우리가 스스로 할 수 있었으면 스스로 했겠지요.

- 하지만 그 병자도 뭔가 스스로 하긴 해야 했습니다. 예수에게 가야 했고, 그뿐만 아니라 일어나 걸으라는 말을 들었을 때 예수를 신뢰해야 했어요.

- 그게 여기서 말하는 "인자"의 의미 아닐까요? 이건 그냥 예수에게 따라붙는 호칭일까요, 아니면 우리 각자 안에 있는, 종말에 일어날 온전함이라는 내재적 원리를 가리키는 말일까요? 초월적 하느님은 인자 안에 내재한다는 말일까요?

이야기가 끝나면, 좌장은 참가자들에게 점토 한 봉지를 주고 나눈 이야기에 비추어 자신 안에 있는 중풍 병자, 혹은 율법학자를 만들어 다음 모임 때 가져와 달라고 요청한다.

이 예시에서 우리는 자료 비평, 양식 비평, 편집 비평, 역사 비평 등의 비평 도구를 여전히 사용하고 있다. 그렇다면 이는 1장에서 주장한 성서 비평의 파산과 모순되는 일인가? 전혀 그렇지 않다. 우리는 새로운 경영 방침에 따라 이 "도구들"을 이용하는 것이다. 쿤의 지적처럼, 과학혁명 이후에도 연구자들은 이전의 언어와 도구를 그대로 사용한다. 하지만 그 목적과 형태는 다르다.[44] 예전의 기술과 도구에 사회학이나 심리학 같은 새로운 기술과 도구를 추가한다는 사실은 그

---

[44] "새로운 패러다임을 받아들인 과학자는 해석자라기보다는 사물이 뒤집혀 보이는 렌즈를 낀 사람과 비슷하다. 그는 이전과 같이 대상들을 마주하고 자신이 그러고 있다는 사실을 알지만, 대상들의 세부가 낱낱이 변형되었음을 깨닫는다. … 조작과 측정은 패러다임에 따라 결정된다. … 서로 다른 패러다임을 따르는 과학자들은 서로 다른 구체적 실험실 조작을 수행한다. 진자 운동을 측정하는 방법은 속박된 낙하 운동을 측정하기에 적절하지 않다. … 과학혁명 이후에 예전의 측정 및 조작 방법은 많은 경우 부적절한 것이 되어 다른 방법으로 대체된다. … 그러나 총체적으로 이러한 변화를 겪는 것은 아니다. … 연구자가 언어와 실험실 도구를 사용하는 방법은 달라지겠지만, 언어와 도구 자체는 대부분 이전과 같을 것이다." T. S. Kuhn, *The Structure of Scientific Revolutions*, 120~35.

리 중요하지 않다. 이런 일은 예전의 패러다임 아래에서도 일어날 수 있고(실제로도 그랬다), 객관주의라는 문제와 전혀 무관하게 이루어질 수 있다. 애초에 우리가 직면한 문제는 참신하고 더 나은 도구의 필요성이 아니라 성서 연구 분야의 근본적인 변화를 일으키는 것이었다. 앞선 패러다임은 오늘날의 인간과 사회를 변혁하는 방향으로 성서를 해석해 내지 못했기 때문이다. 역사 비평이 채택한 "주도적" 사유 방식과 기술은 앞선 패러다임 아래 공유되는 물음과 전제들을 바탕으로 삼고 있었다.

이론과 실천은 간단하게 분리될 수 없다. 어떤 의미에서 역사 비평 패러다임은 바울의 율법 개념처럼 지금껏 우리의 지침이었다. 새로운 패러다임은 낡은 패러다임을 계승하면서 완성한다. 새로운 패러다임을 낡은 패러다임 안에 포섭하려는 사람이든, 아니면 불만 혹은 게으름 때문에 낡은 패러다임을 전부 버리려는 역사 비평의 마르키온주의자든 이 점을 반드시 명심해야 한다. 이전의 방법을 새로운 총체성 안에서 계승하는 것은 "성령으로 시작하였다가, 이제 와서는 육체로 끝마치려"(갈라 3:3)하는 것과는 거리가 멀다. 구약이라는 보물 창고를 샅샅이 뒤진 사람들은 그리스도를 율법의 완성이라고 말한 바로 그 사람들이었다. 다시 한번 말한다.

새로운 패러다임은 곧 이론이자 실천이며, 실천에 관한 이론이다. 새로운 패러다임은 실천과 연관된 전체 정신을 구성한다. 그러므로 패러다임을 바꾼다는 것은 이론, 실천, 기질을 바꾼다는 뜻이다. 미래의 학문도 비평이라는 도구가 필요할 것이다. 그러나 그 도구 중 무엇을, 어떻게, 어느 수준까지 사용할 것인가는 실로 열린 물음으로 남아 있다.

위의 예에서 보듯이 본문 주해가 통전적 맥락 안에서 이루어진다면, 기술에 대한 물음은 '변혁을 가능하게 하기'라는 가장 중요한 목적에 종속된다. 하지만 이런 자기 탐구적 분석이 주관주의 혹은 심리 환원주의는 아님을 분명히 해 둘 필요가 있다. 본문이 우리 자신에 대한 이해를 가능하게 하면, 이를 바탕으로 우리는 본문이 실제로 무엇을 말하고 있는지 훨씬 더 심오하게 이해할 수 있기 때문이다.

하우스 박사와 그 동료들은 이처럼 본문의 권리, 본문을 가능한 한 깊이 이해하는 방법에 대해 오랫동안 고민했다. 하우스는 신약학 스승인 헨리 버튼 샤먼Henry Burton Sharman*에게서 성서에 대한 비판적 통찰과 질문 던지는 법을 배웠고 이와 프리츠 쿤켈Fritz Kunkel**과 융에게 배운 상징 분석과 심리학적 통찰을 결합했다. 하우스와 동료들이 30여 년 동안 공들여 개발한 방법은 예수의 가르침과 행적, 그 밖의 성서 자료들과 여러 문화권의 신화들을 지침 삼아, 인간의 인격 형성 과정을 탐구하고 삶을 둘러싼 세계의 일부로서 개인과 사회의 성장을 돕는다. 이들은 성서 비평 방법을 엄격하게 적용해 곧바로 자기 내면과 성서 본문을 연결하는 것, 성서 본문을 우의로 읽어내는 것을 방지했다. 예수가 가르친 내용과 교회가 이 가르침을 해석한 방식을 이해한 뒤에 예수, 교회, 그리고 오늘날 우리에게 지니는 본문의 심리적, 사회적, 상징적 의미를 탐구한 것이다. 그 결과 내가 지금까지 본 방법 가운데 가장 기대되는 방법이 탄생했다. 쿤이 예측했던 대로, 이 방법은 성서 연구의 "기득권" 바깥에서 탄생했다.

---

* 헨리 버튼 샤먼(1865~1953)은 캐나다 출신 그리스도교 신학자다. 처음에는 축산 및 수의학을 공부하고 학교에서 화학을 가르쳤으나 학생자원운동The Student Volunteer Movement에 참여한 게 계기가 되어 시카고 대학교에서 신약학으로 박사 학위를 받았다. 이후 시카고 대학교 신학대학원, 토론토 대학교 등에서 신약학을 가르치고 캐나다 학생 그리스도교 운동에 참여해 일반 청년들에게 성서를 가르쳤다. 비신학 전공자들을 상대로 복음서를 가르치며 소크라테스 문답법을 활용해 이름이 널리 알려졌다. 주요 저서로 『그리스도의 생애 연구』Studies in the Life of Christ, 『선생 예수』Jesus as Teacher, 『인자와 하느님 나라』Son of Man and and Kingdom of God 등이 있다.

** 프리츠 쿤켈(1889~1956)은 독일 출신 정신과 의사이자 심리학자다. 1919~1920년경 빈으로 이주해 알프레드 아들러와 관계를 맺었으며 1924년부터 심리 치료를 시작했다. 히틀러 집권 이후 미국으로 이주해 저술, 강의, 심리 치료를 병행했다. 신학과 심리학의 '통합'을 처음 시도한 학자로 알려져 있다.

이런 공동 주해 활동은 전문 학계의 "전문가 기질"을 극복하게 해 준다. 이 주해의 주된 원천은 주해 활동에 참여하는 구성원들과 본문 사이의 공명이기 때문이다. 이렇게 한 사람이 해석을 독점하지 못하게 하는 활동은 기존의 학문 관행이 낳은 유아론을 치유한다. 해석자는 다른 사람의 감정이 실린 반응이라는 매개를 통해서만 그가 본문에 어떤 영향을 받았는지 깨달을 수 있다. 이런 이유에서, 예술의 역할 중 감추어진 것을 드러내는 기능의 중요성이 다시금 두드러진다. 본문이 불러일으키는 울림은 점토, 물감, 긱본, 음악, 움직임, 적막, 역할극이라는 매체를 통해 더욱 구체적인 실체가 되어 통찰로 이어진다. 우리가 이야기를 하기 위해 분투하는 과정에서 통찰과 감정은 하나로 결합한다. 이것이 우리 자신의 이야기가 될 때, 즉 우리 존재의 상징적 모체 안에서 통찰과 감정이 하나 될 때 통찰은 자기 형성 과정을 한층 더 촉진한다. 이렇게 얻은 통찰에는 고대와 현대의 지혜, 회복된 질문과 우리 자신의 실존적 반응이 엮여 있다. 그러나 여기서 그쳐서는 안 된다. 우리는 이 통찰을 자기 이해에 통합시켜 우리의 사고와 행동을 수정해야 한다. 통찰은 우리 삶에 가장 깊은 영향을 미치는 상징과 연결될 수 있을 때까지는 결코 진리로 다가오지 않는다. 그렇기에 인류에게 삶의 방향을 제시하는 이정표를 제공한 종교 본문에서 길어낸 통찰은 일반적인 통찰보다 훨씬 더 깊고 강력하다.

우리가 성서 본문을 통해 찾고자 하는 것은 일반적인 종교적, 신학적 진리가 아니다. 단순히 저자의 본래 생각도 아니다. 우리가 찾으려 하는 것은 본문에 대한 변증법적 해석을 통해 드러나는 우리의 개인적, 사회적 존재에 관한 진리다. 공동으로 이루어지는 소크라테스식 대화는 참여자들이 지금까지 성서 본문을, 그리고 자기 자신의 경험이라는 본문을 어떻게 훼손하고 왜곡했는지 알게 하며, 실존의 상징들을 (신경증이나 종교 같은) 사적 언어로 변형된 표현 방식에서 해방시켜 (공동체와 신앙이라는) 공적 친교의 표현으로 나아가게 만든다. 키에르케고어Søren Kierkegaard에 따르면 "그리스도교는 소크라테스의 사상 가운데 감춰진 비밀을 반드시 보존해야 한다. 무한히 퇴보하지 않는 이상 그리스도교에서 이 비밀은 한층 더 강력해질 것이다. 그 비밀은 바로 영혼의 움직임은 주체의 내면에서 이루어진다는 것, 진리란 주체의 자기 변혁이라는 것이다."[45]

45　Søren Kierkegaard, *Concluding Unscientific Postscript* (Princeton, N.J.: Princeton University Press, 1941), 37~38. 위르겐 하버마스는 소크라테스식 대화가 어떤 상황에서든 가능하다는 것은 망상이라고 이야기한다. 모든 것을 대상화하려는 객관주의의 욕망에 사로잡혀 있을 경우, 그리고 그

본문과 우리 사이에서 이어지는 물음의 소용돌이는 점점
더 심오해지고, 더욱 내면적이면서 더욱 우주적인 것이 되어
현재의 경험과 연결 고리를 형성한다. 파괴와 부정은 결국
친교를 향한다.

3. 친교

지금까지 현대 성서학에 관해 이야기한 모든 내용은 한마
디로 요약할 수 있다. 오늘날 성서학은 파우스트처럼 소외된
거리에 갇혔다. 그리고 이 분리의 결과는 주체-대상이라는
이분법이다. 해석자와 본문의 친교, 진정한 대화의 회복 여
부는 주체-대상이라는 문제를 실질적으로 해결할 수 있느냐
에 달려있다.

A. 주체와 대상

주체-대상 이분법을 통과하지 않고서는 주체-대상 이분법
을 넘어설 수 없다. 매개되지 않은 실존적 만남을 통해 주체-
대상 이분법을 제거하려는 시도는 불가능하다. 주체-대상 이

뒤에 숨어 있어 보이지 않는 이해관계에 사로잡혀 있을 경우 대화
는 끊임없이 좌절된다. Jürgen Habermas, *Knowledge and Human Interests*
(Boston: Beacon Press, 1971), 228, 314~15.

분법은 불가피할 뿐 아니라, 우리를 이끄는 삶의 흐름에서 자유를 얻기 위해 필요한 것이기도 하다. 우리는 이 이분법을 소멸시키는 것이 아니라 넘어서야 한다. 그리고 이는 변혁을 통해 이루어져야 한다. 주체-대상 이분법은 주체의 고고학을 통해 주체-대상 '관계'에 자리를 내준다. 대화라는 호혜성을 통해 소외된 거리는 주체와 대상 모두 본래의 모습이 보존되는 관계적 거리relational distance가 된다. 이제 주체의 대상은 서로의 대상으로, 서로의 주체로 남아 있다. 둘은 함께 삶을 탐구하는 동반자가 된다. 주체(전통, 혹은 유산)의 대상으로 출발(융합)했던 '나'는 반란(거리 두기)을 일으켜 대상(본문)을 지닌 주체로 자신을 확립하고, 결국에는 본문의 주체임과 동시에 대상인 자신, 자기 성찰의 주체이자 대상인 자신을 발견(친교)한다.[46] 전달된 본문이 놓인 지평과 해석자가 놓

---

46 "이원성을 전제하고, 열어두며, 견지하는 주체-대상 관계는 인간에게 허물이 아니라 특권이자 짐이자 의무다. 플라톤에게 책임을 물을 일이 아니다. 이 관계는 창조 질서에 따른 인간의 조건, 한계, 고귀함을 드러낸다. 성서에 담긴 진리에 어긋난 것도 아니다. 사물들의 질서에 대한 인간의 이러한 설정(자신을 주체로 둔 다음 사물을 대상으로 두고 상호 관계를 맺는 것)은 창조에 따라 결정된 인간의 위치에서 나온 것이다. 성서에 나오는 인간의 조건도 그러하다. 그는 자신의 피조성을 따라 이 관계를 받았고, 받아들였으며 이 관계 안에서 행동한다. ... 관건은 대상화의 정도다. ... 우리의 과제는 신학을 위한 적절한 언어를 고안하는 것이 아니라 신학으로는 온전히 가리킬 수 없는 것, 그것

인 지평의 만남을 통해 해석자는 자신의 지평을 발견하고 이는 곧 자신에 대한 이해로 이어진다. 또한, 본문의 지평은 해석자가 놓인 지평의 만남을 통해 그 정체를 드러냄과 동시에 본문의 잃어버린 요소들을 알 수 있게 한다. 이렇게 지평들의 만남은 오늘의 삶과 새로운 관련성을 드러내고 모두를 앞으로 나아가게 한다는 점에서 지평들의 친교다. 이 만남 가운데 해석자가 놓인 지평의 어떤 요소는 부정되고 어떤 요소는 긍정되며, 본문이 놓인 지평에서 어떤 요소는 물러나고 이떤 요소는 앞으로 나온다.[47] 본문과 해석자는 모두 질문(해석자의 관심에서 시작되어 본문을 향한 질문, 본문에서 일어나 해석자에게 제기되는 질문)을 받는다. 이제 본문은 단순히 받아들이거나 거부하는 대상이 아니라 부적절하거나 낡아 보일지라도 우리의 삶을 회복하는 데 없어서는 안 될 질문이 되며 해석자는 해석을 통해 자기 자신과 사회를 탐구하게 된다. 이러한 맥락에서 모든 지식은 필연적으로 앎의 주체의 자기 형성

을 신학이 충분히 가리킬 수 없다는 사실을 투명하게 유지하는 것이다." Hans Jonas, *Phenomenon of Life*, 258~359. 그리고 다음을 참조하라. Schubert Ogden, 'Theology and Objectivity', *Journal of Religion* 45 (1965): 175~95. Ian G. Barbour, *Issues in Science and Religion* (Englewood Cliffs, N.J.: Prentice-Hall, 1966), 175~206. Michael Polanyi, *Personal Knowledge* (Chicago: University of Chicago Press, 1962), chap. 1. 『개인적 지식』(아카넷)

47 Richard E. Palmer, *Hermeneutics*, 244.

과정과 연결될 수밖에 없다.

> 참된 해석은 새로운 창조가 일어나는 것이며 존재가 새롭게
> 드러나는 것이다. 해석은 현재와 분명한 관계가 있는 활동
> 이다. 해석자는 해석을 통해 이전에는 일어나지 않았던 일
> 을 한다.[48]

여기서 이루어지는 해석은 대상을 지배하려는 권력 의지나
대상에 자신을 투영하는 주관주의의 산물이 아니다. 친교 가
운데 이루어지는 해석은 참된 객관성을 가능하게 한다. 해
석자가 자신과 대상을 동시에 성찰할 때만, 그리하여 객관
적 구조가 설정될 때만 대상을 제대로 파악할 수 있기 때문
이다.[49] 역설적이게도, 우리는 스스로 자신을 파고들 때보다

---

48 Richard E. Palmer, *Hermeneutics*, 244. 이와 관련해 K.M.백스터K. M. Baxter는 현대 극작가들이 고전 희곡을 재창조할 때 언제 성공하고 실패하는지를 이야기하며 말한다. "고전은 충격을 일으킨다. 그리고 그 고전을 되살리고자 하는 이들에게 충격이 남긴 조각들에 새로운 흐름을 불어넣을 수 있는 힘을 요구한다. 원작이 탄생한 중심에 닿은 사람, 그리하여 다른 이들에게 원작의 핵심을 회복할 수 있는 사람만이 이를 할 수 있다." K. M. Baxter, *Speak What We Feel* (London: SCM Press, 1964), 52~53.

49 Jürgen Habermas, *Knowledge and Human Interests*, 181.

'나'가 아닌 다른 것을 경험할 때, 그리고 그것이 무엇인지 드러날 때 우리 자신 안에 있는 깊이를 더 잘 알게 된다. 그리고 우리가 마음 깊은 곳에서 추구하는 온전함은 우리가 이루고 싶다고 이루어지는 것이 아니라 우리 너머에 있는 무언가가 우리에게 주는 과정을 통해 이루어짐을, 이때 우리가 할 수 있는 것은 우리 자신을 그 과정에 맡기는 것뿐임을 알고 있다. 그 무언가는 자신을 우리에게 알린다. 이때 주체는 그 무언가이며 우리가 대상이다. 위대한 신화와 종교 문헌들 가운데 그 무언가는 우리와 만나며 특별히 나자렛 예수라는 인물을 통해 우리를 만나고 우리가 결여하고 있는 우리 자신에 대한 지식을 보여 준다. 이때 '나'는 나에 관한 앎을 얻기 전에 먼저 내가 알려짐을 안다. 무언가는 대상을 통해 '나'의 계산을 뛰어넘는 깊이를 드러낸다. 그리고 그 깊이를 통해 나는 '나'를 중심으로 짠 전략에서 벗어나 모든 피조물과 다시 연합하기 시작한다. 변증법의 과정을 거쳐 주체-대상의 이분법이 주체-대상의 관계로 대체되면, 그리하여 지평들의 친교가 이루어지면, 본문과 만남을 통해 우리의 삶은 변혁될 수 있다. 객관주의는 애초에 우리가 본문을 읽도록 추동한 관심, 본문을 읽을 때 우리가 확보하기를 원했던 삶에의 적용 가능성을 의식의 변두리로 추방해 버렸다. 주체-대상의 관계에서 이들은 비판적 깨달음의 빛을 받아 의식에서 명예로운 자리를 차지하게 된다.

B. 관심과 적용

파우스트는 아무런 관심도 없이 진리를 탐구한 것이 아니었다. 그는 진리에 깊은 관심을 가졌다. 파우스트가 유산을 부정한 이유는 자율적 자아autonomous selfhood의 공간을 확보하기 위해서였다. 동시에 이러한 분투는 진리를 알고자 하는 분투이기도 하다. 지식 추구의 궁극적인 목표는 해방이기 때문이다. 이러한 면에서 지식을 추구하는 활동은 자율성, 책임과 관련이 있다. 자기 자신에게, 그리고 타인에게 지식 추구가 해방을 추구함을 가릴 때, 그러한 관심을 숨길 때, 주체에 대한 진리의 반동을 허용하지 않을 때 지식 추구는 비진리가 된다. 주체가 이성으로 추론을 하며 이성의 관심을 숨길 때 이분법이 발생한다. 그때 주체의 이성과 경험의 통일은 사라지고, 주체는 참된 자신으로 형성될 수 있는 능력을 잃는다.[50]

---

50 이 부분은 하버마스의 논의에 큰 빚을 졌다. Jürgen Habermas, *Knowledge and Human Interests*, 특히 198~213.

가장 고귀한 관심이자 다른 모든 관심의 근거는 우리 자신

에 대한 관심이다.[51]

그러므로 지식을 추구할 때 문제가 되는 것은 이기심

selfishness이 아니다. 오히려 이기심이 실현되지 못하고 중단

되는 게 문제다. 관심은 실존, 생존, 온전함, 기쁨을 향한 의

지다. 그렇기에 관심은 추론 과정의 부차적인 요소가 아니라

핵심 동인이다. "관심은 앎을 통해서만 자신을 실현하므로

앎에 선행한다." 자유로운 행위로서 관심은 "자기 성찰"에

선행하며 해방을 향한 움직임으로 구현된다.[52]

이러한 이성의 통일성, 관심에 바탕을 둔 이성의 움직임은

삶의 이론은 순수하며 실제 관심사에 영향을 받지 않는다는

객관주의의 지식 개념과 충돌한다. 그러나 우리는 이미 탐구

자의 관심이 어떻게 추상화되는지, 탐구 대상에 은밀하게 투

영되는지 살펴보았다. 객관주의자는 대상의 표면에서 자신

을 발견한다. 그는 분열된 상태로 대상에 몰입한다. 성서 학

자들이 오랫동안 해석학의 질문을 회피한 이유는 그들이 자

신의 관심을 본문에 투영한 후, 자신과 자신이 속한 공동체

---

51 Jürgen Habermas, *Knowledge and Human Interests*, 206.

52 Jürgen Habermas, *Knowledge and Human Interests*, 210.

를 언급하지 않고서 본문에 담긴 내용을 '객관적으로' 재진술하는 방식으로만 자기 자신과 공동체의 관심을 충족했기 때문이다. 그들은 자신의 탐구가 마무리될 즈음 탐구의 동기가된 실제 관심사를 잠깐 언급하곤 한다. 탐구의 마지막에 이르러야 탐구를 실질적으로 움직이고 있던 자신의 손을 보여준 것이다. 그렇기에 이들의 탐구 결과는 실제 삶에 적용할수 없다. 용기를 내어 자기 성찰을 하지 않는 이상, 학자는분열된 삶을 살 수밖에 없다. 자신의 관심사를 반영하지 못하는 탐구 방식이 학자의 탐구를 결정하고 그 결과 학자 자신도 물화된다. 이러한 맥락에서 그는 독립적인 주체가 아니라 종속적인 주체다.

여기서도 심리 치료는 유용한 대안을 제공해 준다. 심리치료에서 탐구의 목적은 단순히 지식을 얻는 것이 아니라 실제 인간을 치유하기 위한 지식을 얻는 것이기 때문이다. 심리 치료에서 관심과 지식은 연결된다. "관심은 이성에 내재하지 않는다. 이성이 관심에 내재한다."[53] 환자가 있기에 그를 돕기 위해 이성이 동원된다. 환자의 고통과 절망, 그리고그런 환자를 치유하지 못하는 심리 치료사의 고통과 절망은

---

53 Jürgen Habermas, *Knowledge and Human Interests*, 287.

자신의 잘못된 의식을 성찰하도록 이끈다. 환자와 치료사 사이에서 일어나는 대화는 온전해지려는 열망, 비판에 대한 열정으로 재학습 과정을 촉진한다. 그리고 이러한 과정을 통해 내적으로 갈등을 겪은 자아는 다시 통합된다. 따라서 심리 치료에서는 이론과 실천, 연구와 치료, 언어 분석과 개인의 경험이 하나를 이룬다. 심리 치료 과정은 사실상 억압되거나 알려지지 않은 진실을 발견하는 과정과 동의어다.[54]

종교 본문도 이와 같은 속성을 지니고 있다. 종교는 인간의 상처를 치유하거나 완화하고, 유한한 삶에 담긴 의미를 제시하려 노력해 왔다. 심리 치료보다 더 깊은 차원의 문제, 존재와 생존의 문제를 다룬 것이다. 종교에서 이성과 상상력

---

54 여기서 역사학이 과학으로 인정받기 위해 택한 자연 과학의 기계 모형 대신 심리 치료와 유비를 가진 인격적 상호 작용 및 발달 모형을 택한 것은 우연이 아니다. 자연주의 모형은 탐구자에게 폐쇄적인 원인과 결과라는 체계를 제시하지만, 실제 발견 과정에서 주체는 그 의미를 의식하는 가운데 변화할 수 있다. 인과 모형은 그 일관성을 반성하는 의식에 의존한다. 법칙은 사람들이 그 법칙을 따르겠다고 결단할 때만 적용될 수 있다. 그러나 자기 성찰은 주체를 그러한 권세들에 대한 의존에서 벗어나게 하여 자기 초월을 가능케 한다. 이것이 치료와 해석의 공통된 목표다. Jürgen Habermas, *Knowledge and Human Interests*, 256, 309~10. 하버마스는 정신분석학에서 일반 지식 이론을 추론해 내려 한 바 있으며 이를 바탕으로 사회학 이론을 검증한다. 그리고 심리학계에서는 이미 수십 년 동안 성서 해석학과 관련해 하버마스가 목표한 바와 같은 목표를 이룰 수 있는 성서 연구 방법을 실천해 왔다.

은 '좋은 삶'을 상상하고 이루기 위해 손을 맞잡는다. 하버마스에 따르면 '좋은 삶'이란 관습이나 시대를 초월한 이상이 아니라 주어졌으나 조정할 수 있는 환경, 역사 안에서 성취할 수 있는 해방에 대한 전망이다. 종교에서 이성과 상상력은 모두 이 '좋은 삶'에 대한 전망을 구체적으로 제시하는 데 쓰인다. 이데올로기의 덫에 걸리지 않는 한 이성은 급진적이면서도 비판적인 혁명을 이루려, 인류의 주요 꿈을 실현하려 한다. 그리고 이때 이성은 상상력이라는 직관적이고 감성적인 기능을 도외시하지 않는다.[55] 성서는 종말론의 심상으로 가득 차 있다. 하지만 오늘날 성서학은 바람직한 미래를 추구한다고 하면서도 언제나 과거를 연구한다. 해방을 향한 우리의 관심은 변혁을 일으키는 통찰을 본문에서 찾도록 우리를 이끌고 있음에도 말이다. 많은 성서 학자는 이 관심에 충실하기보다 승진, 출판, 명성과 같은 피상적인 이해관계에 휘둘린다. 이런 이해관계에 휘둘리는 학자는 본인은 자신이 관심하는 바를 따라 본문을 탐구한다고 여기나 실제로는 본문에 담긴 진리와 어떠한 실질적 관계도 맺지 못한다. 대중의 인정을 받는 출판물이 진리는 아니며, 어떤 경우에는 그

---

55   Jürgen Habermas, *Knowledge and Human Interests*, 288, 211~13. 그리고 다음을 참조하라. Peter Homans, *Theology after Freud*, 195.

반대일 수도 있다. 여기서 진리 문제는 부차적인 사안이 된다.[56] 이런 이에게 자신이 하는 탐구와 삶의 맥락이, 지식과 경험이, 이론과 실천이, 이성과 이성에 내재한 관심이 분리되어 있다는 것은 그리 놀라운 일이 아니다. 그러나 우리가 우리 실존의 깊이에 다시금 관심을 집중한다면(이를테면, 우리의 관심을 예수의 가르침에 비추어 개인과 사회의 변혁을 모색하는 데집중한다면), 우리는 변혁을 가능케 하는 과정에 참여할 수 있다. 나라는 고유한 실존에 질문을 던지게 만드는 질문을 찾는 것은 '나'는 아직 온전한 '나'가 아니며, 현재의 '나'가 아닌다른 '나'가 될 수 있다는 가능성을 받아들이는 것이기 때문이다. 어떤 이는 "본문이 말하게 하라"라고 말한다. 하지만

---

56 숀필드Hugh J. Schonfield의 『유월절 음모』The Passover Plot, 혹은 알레그로 John M. Allegro의 『신성한 버섯과 십자가』The Sacred Mushroom 같은 하찮은 책들이 많은 열성 독자를 확보하는 반면, 학적으로 훨씬 더 신중하고 탁월한 저작들은 그렇지 못한 이유는 무엇일까? 대중문화는 초월적인 것의 붕괴로 일어나 확산된 일종의 신화적 장치여서 적절하든 적절하지 않든 과거에 대한 대중의 향수에 봉사하려 하기 때문이 아닐까? 물론 이 봉사에는 향수를 없애려는 의지와 욕망이 담겨 있다. 그렇기에 그리스도교의 참된 뿌리를 밝힐 수 있다면, 고대 전통, 이제는 잃어버린 순수한 융합을 향한 이 고통스러운 향수의 힘은 잠재울수 있을지도 모른다. 흥미로운 점은 대다수 학자는 숀필드와 알레그로의 책에 분노하면서도 자신들의 저작이 종종 교양 있는 지식인들 사회에서 정확히 같은 용도로 쓰이고 있다는 사실을 인지하지 못한다는 것이다.

우리는 본문이 말하는 모든 것을 똑같이 가치 있게 여기는 것이 아니라 우리 자신에 관한, 아직 드러나지 않았지만 우리에게 있는 잠재력과 공명하는 정도에 따라 우선순위를 정하게 된다. 우리는 우리에게 물음이 있다는 사실, 본문에 답 없는 물음이 있다는 사실을 통해 저 미지의 세계가 존재함을 알 수 있다. 그렇기에 우리는 현재 우리를 만족시켜주는 본문의 말에만 귀를 기울일 수 없다. 오히려 우리는 우리 자신의 변혁에 관심이 있기에 본문을 통해 우리를 불편하게 하는 것, 우리와 가장 이질적인 것을 주목하는 법을 배운다.[57] 우리가 누구인지 모르기 때문에 우리에게는 본문이 필요하다. 리쾨르의 말을 빌리면 우리는 본문이 가능케 하는 통찰을 통해 우리 존재를 향해 나아가기 때문이다.

지금까지 나는 참된 지식은 친교를 통해 얻을 수 있다고 이야기했다. 덧붙이면, 이 해석의 변증법은 한 번의 초월을 통해 어떤 정점에 도달하는 것이 아니다. 대신 끝없이 반전 inversion이 이어져야 한다. 즉 반정립이 새로운 정립이 되고, 그 정립은 새로운 반정립에게 자리를 내주어야 한다. 유산을 배신할 때 더 높은 진리로 나아갈 수 있다는 믿음이 없었

---

57 Bernard Lonergan, *Insight*, 192~93.

다면, 우리는 최초의 부정을 감행하지 못했을 것이다. 유산이 본문에 담긴 진리를 상실했다고, 잘못 가르치고 있다고 생각하지 않는다면, 우리는 구태여 유산이 간직하고 있는 본문을 다시 만날 필요가 없을 것이다. 그래서 우리는 본문에 귀를 기울인다. 하지만 본문은 누구의 목소리로 말할까? 본문은 여전히 사람이 아니라 본문이다. 본문은 자신의 목소리를 갖고 있지 않다. 이러한 맥락에서 "본문이 말하게 하라"는 말은 단지 수사학적 표현일 뿐이다. 그렇다면 누구의 목소리를 따라야 하는가. 본문은 음소거된 상태이기에 우리는 거기에 누군가의 목소리를, 불트만의 목소리, 마르크스의 목소리, 융의 목소리, 칼뱅의 목소리, 빌리 그레이엄의 목소리를 입힌다. 그 결과 처음부터 본문과 나를 존재하게 한 무언가가 있다는 가정, 그 무언가가 본문을 통해 말하고 있다는 가정과는 별개로 본문은 상대주의라는 늪에 빠지고 해석은 복화술이 된다. 이 굴레에서 벗어나기 위해서는 음소거된 본문에서 하느님의 자기 계시인 '낯선 이'를 만나기를, 그가 말을 건네기를 희망해야 한다. 이것이야말로 객관성을 향한 시도의 궁극적인 근거다. 해석자가 메시지를 뒤섞는다면, 현재 해석자의 주관을 본문에 강요한다면, 해석자는 (어떤 결과가 도출되든 간에) 자신이 변혁될 가능성을 스스로 차단하는 것이다. 누군가 말했듯 본문은 수난당하고 있다. 도살장으로 끌려가는 양처럼 본문은 입을 열지 않는다. 벙어리이기 때문이 아니라 우리가 본문의 입에 재갈을 물렸기 때문이다. 그러므로 객관성은 '무관심성'disinterestedness이 아니다. 객관성은 낯선 이의 말을 정확하게 들으려는 분투다. 그의 말이 관심을 일으키기에, 동시에 그가 수난받고 있기에, 달리 말하면 창조 그 자체가 생명을 형성하는 과정이 위기에 처해 있기에 해석자는 그의 말을 정확하게 들으려 노력한다. 그러므로 해석자의 관심은 곧 적용을 의미한다. 자신의 실존과 무관하나 출판 가능한 이야깃거리(이 이야깃거리도 일종의 적용이기는 하다)를 얻기 위해 본문을 파헤치지만 않는다면, 성서 학자들이 본문을 읽게 하는 것은 그들의 갈망이다. 자신을 탐구하기 위해, 자신의 바람직한 미래를 위해 성서 학자는 본문을 현재에 적용한다. 이는 공부의 끝자락에 해야 할 일이 아니다. 탐구를 시작하며 이미 해석자는 적용하고 있다.[58]

---

[58] Richard E. Palmer, *Hermeneutics*, 235~36. 여기서 이야기하는 적용은 이른바 '동시대화'contemporization와는 전혀 다른 개념이다. 동시대화는 그 자체로 객관주의가 만들어 낸 문제다. 동시대화는 과거에 대한 비변증법적 대상화undialectical objectification, 과거와 탐구자의 분리, 과거와 현재를 매개하는 역사 비평의 무능함을 전제로 한다(그렇지 않다면 왜 구태여 동시대화라는 별도의 노력을 기울이겠는가?). 동시대화의 문제를 대표적으로 보여 주는 사례는『해설자 성서』Interpreter's Bible일 것이다.

또한, 본문은 우리의 세계가 명확해지지 않는 한 그 의미를 드러내지 않는다. 해석자는 해석이라는 번역을 통해 전통을 자신과 자신의 상황에 적용해야만 전통의 실질적인 내용을 이해할 수 있다. 적용은 통찰력을 무르익게 한다. 해석자는 본문을 현재에 적용함으로써 그 유효성을 판별하고, 살아 있는 경험과 연결함으로써 그 의미를 확장한다. 본문의 의미는, 부분적으로는 '지금 우리'가 어떤 질문을 본문에 던지느냐에 따라 달라진다. 이러한 맥락에서 "본문을 이해한다는 것은 언제나 본문을 적용하는 것이다".[59]

지금까지 이야기한 것은 부정적이든 긍정적이든 성서를 읽을 때뿐만 아니라 역사, 철학, 문학, 법학 영역에서 우리 삶에 중요한 본문을 읽을 때도 마찬가지로 적용될 수 있다고 생각한다. 그렇기에 애써 교회에서 성서의 역할로 한정해 이야기를 진행하지는 않았다. 그러나 성서는 자신이 증언하는 실재를 중심으로 공동체를 세우는 데 관심을 기울인다는 점

---

[59] Richard E. Palmer, *Hermeneutics*, 188. 이는 가장 순수한 과학인 수학에서도 마찬가지다. 마이클 폴라니(Michael Polanyi)에 따르면 수학 이론은 응용 연습을 통해서만 익힐 수 있으며 참된 수학적 지식은 이를 활용할 수 있는 능력에 달려있다. 이에 관해서는 다음을 참조하라. Michael Polanyi, *The Tacit Dimension* (New York: Doubleday, 1966), 17. 삶의 길을 제시하는 것이 유일한 관심사인 위대한 종교 본문에 대해서는 더 말할 필요도 없지 않을까?

에서 독특하다. 앞에서 나는 교회가 그리스도교 신앙 공동체의 중심지로서 문제가 되고 있다고 이야기한 바 있다. 오늘날 교회들은 일종의 바빌론 포로 상태에 있다. 하지만 포로들은 여전히 자유를 갈망하며, 그들 중 다수는 여전히 성서가 그 자유를 향한 길을 밝혀줄 거라 믿고 있다. 물론 다른 상황에 놓인 이, 다른 공동체도 성서를 연구할 수 있으며, 읽고 유익을 얻을 수 있다. 그러나 결국 성서는 교회의 책이다. 성서와 교회는 함께 바빌론에 가고, 함께 그발 강가에서 시름에 잠기고, 함께 고향으로 돌아간다. 오늘날에도 해방을 갈망하는 백성이 있다(학자들도 이 백성에 속한다). 이 모든 이야기는 학자의 역할에 커다란 변화가 필요함을 암시한다. 물론 연구는 언제나 필요하다. 그리고 연구할 때는 가장 먼 길이 (거의 언제나) 가장 확실한 길이다. 문제의 핵심에 닿기 위해 연구자는 잠시 현실과 관련이 있는 물음들을 내려 둔 채 문헌학을 익히고, 수 세기에 걸쳐 만들어진 잔해와 흔적을 샅샅이 뒤지고 심도 있는 책을 뒤진다. 이 지루한 과정, 눈을 피로하게 만들 수밖에 없는 과정이 문제의 핵심에 도달하는 가장 유익한 방법일 수 있다. 하지만 이런 방법이 유일한 길은 아니다.

때때로 중독, 박해, 개인의 위기와 같은 억압과 궁핍의 상황은 현재와 과거 사이의 거리를 뛰어넘는 해석학을 제공할 수 있다. 고통과 사회적 소외를 겪은 이는 규범적 문화(융합 상태)와 거리를 두게 된다.

물론, 두 접근은 모두 한계가 있다. 성서 학자들은 지식의 열쇠를 조심스럽게 자기 주머니에 넣으려는 유혹, 자신을 율법 교사로 자리매김하려는 유혹에 저항해야 한다. 그리고 억압받는 이, 비전문가는 반지성주의의 유혹과 자신이 이미 믿는 내용을 본문에서 발견하려는 '영적 주석'pneumatic exegesis의 유혹을 거부해야 한다. 성서 학자들과 비전문가는 같은 자리에 앉아 서로의 얼굴을 보고, 서로에게 배워야 한다.

그리고 우리는 성서 학자를 일종의 본으로 삼아 신학생들을 훈련하는 시대착오적 관행을 중단해야 한다. 학문은 다수를 위해 소수가 익히는 것이다. 신학생들이 장차 감당해야 할 역할은 성서 학자biblical scholar가 아니라 인간의 변혁에 성서가 미치는 영향을 모든 이가 이해하도록 돕는 성서 해석자biblical interpreter다. 일상을 살아가는 사람들의 필요에 부응하도록 성서 해석자들을 훈련시키면 소외된 거리에 고착되는 경향에 효과적으로 대응할 수 있다. 이렇게 하면 성서 해석자는 더는 '말씀-사건'word-event의 실현이라는 과제를 설교자에게 미룰 필요가 없다. "나는 연구를 할 테니 당신은 설교를 하시오"라는 말로 대표되는 연구와 설교의 분리는 더는 정당하지 않다. 설교는 본문이 기록된 사물이라는 사실로 인해 일어나는 본문의 대상화를 극복하는 활동이기 때문이다(이러한 맥락에서 '새로운 해석학'은 설교자가 입을 열 때 발생할 수 있다). 성서 본문을 함께 주해하는 활동도 본문의 대상화를 극복하는 활동이 될 수 있다. 이때 본문은 주해에 참여하는 한 사람 한 사람이 응답해야 하는 '말'이 된다. 그러므로 성서 해석이라는 활동에서 성서 해석자가 꼭 자신을 그 출발점에만 고정할 필요는 없다. 그는 말씀-사건의 기여자이자 참여자가 될 수 있다. 물론, 이런 활동은 설교를 대체할 수 없지만, 설교와 동등한 가치를 지니고 있다. 게다가 이런 활동을 할 때 설교는(그리고 설교자는) 갱신될 수 있다.

그리스도교인들은 관심사를 공유하며, 연대하는 마음으로, 성서 본문을 중심으로 함께 모인다. 그리스도교인으로서 우리는 본문에서 단순히 좋은 것이 아니라, 우리가 전혀 알지 못하는 것, 희미하게만 감지하고 있는 것을 배우기를 고대한다. 내가 변화하는 한이 있더라도 응답해야 한다. 우리가 변화될지라도, 우리는 들을 준비가 되어 있어야 한다. 드물지만, 듣고 명료한 깨달음과 용기를 갖게 되는 순간 우리는 변화할 수 있다.

그대가 알지 못하는 곳에 이르려면

그대는 무지의 길로 가야 한다.

그대가 소유하지 못한 것을 소유하려면

그대는 무소유의 길을 가야 한다.

그대가 그대 아닌 것에 이르려면

그대는 그대가 아닌 길을 거쳐 가야 한다.

그대가 모르는 것만이 그대가 아는 것이다.[60]

이러한 앎은 기존에 알고 있던 것을 강화하는 방식의 탐구가 아니라 미지의 것에 대한 탐구다. 앎의 궁극적인 목적은 무지의 폐기가 아니다. 앎이 늘어난다고 해서 미지의 영역은 줄어들지 않는다. 그러한 방식의 지적 탐구는 실존에 대한 불안을 통제하기 위한 자기중심적 행위에 지나지 않는다. 앎은 무한으로 뻗어 나간다. 앎이 늘어날 때마다 우리는 더 경이로워하고, 미지의 영역은 한층 더 넓어진다. 본문, 전통, 공동체, '나'는 기술을 좀 더 능숙하게 익히면 해결할 수 있는 문제가 아니다('거리 두기'의 순간에도 이 점은 변하지 않는다). 본문도, 전통도, 공동체도, '나'도 베일에 가려진, 통찰과 계시

60 　T.S.Eliot, 'East Coker', *Four Quartets* (New York: Harcourt Brace Jovanovich, Inc., 1943), 15. 『사중주 네 편』(문학과지성사)

를 필요로 하는 신비다. 이들에 대한 앎은 숙달된 기술로 획득할 수 있는 것이 아니라 참여를 통해 선물로 받게 된다. 이해가 숙달을 대체한다. 이제 '자아'는 숙달된 기술로 얻을 수 있는 것 너머의 현실과 실재를 깨닫는다. 거리 두기를 위해 필요했던 힘인 사탄은 이제 그 힘을 잃는다. 저 깨달음은 사탄에게서 '나'를 강박으로 내모는 힘을 빼앗는다. 자아 안에서 숙달은 항복하고, 이로써 억압을 전제로 하지 않는 더 심오한 숙달이 이루어진다.[61]

전통의 측면에서 볼 때 초자아의 제약이나 제한을 받지 않는다는 자유(에 대한 파우스트적) 개념은 유산과 분리되어 있으면서도 유산에 의존하는 노예 의지로 드러난다. 제약을 받지 않는 능력인 자유는 친교를 위한 능력인 자유로 대체된다. 이제 우리는 전통과 대립할 필요가 없다. 대신 가다머의

---

61 David Bakan, *The Duality of Human Existence*, 66~67. 충동들을 억제하는 초자아의 힘이 감소하고 대중문화(특히 대중 매체)가 만들어 내는 외부 자극들이 초자아를 대체하면서 성서 비평이라는 도구에 대한 지나친 강조 역시 감소할 것이라고 예측할 수 있다. 분명, 그렇게 된다면 비평의 본질인 해석 기능은 유지되고 비평의 이데올로기 기능, 탈신비화 기능은 감소할 것이다. 하지만 그때는 그리스도교 전통이 아니라 현대 세속 문화가 점점 더 거리를 두어야 할 유산이 될 것이다. 성서 전통은 정립의 위치가 아니라 반정립의 위치에 서서 세속주의의 우상성을 드러낼 수 있다. 실제로 종교를 갖고 있지 않은 성서학도들에게 종종 이런 일이 일어난다.

말을 빌리면, 전통에 대한 우리의 거리 두기와 전통에 대한 우리의 소속감 사이에 대화가 이루어진다.[62] 이러한 지평들의 친교 가운데, 해석의 변증법을 통해 우리는 잠시나마 이해를 맛본다. 그다음, 지평들은 바뀌고, 이에 따라 우리의 자기 이해와 세계도 바뀐다. 우리는 이제 우리는 과거를 다른 시각으로 보게 되며, 친교 역시 새롭게 시작된다. 이미 인류는 한두 번, 혹은 여러 번 권력과 복종이라는 틀 아래 정복할 수 있는 영역을 발견했다. 하지만 이를 반복하기를 바라서는 안 된다. 이제 경쟁은 필요하지 않다. 우리에게는 잃어버린 것을 되찾는 싸움만이 남아 있을 뿐이다. 찾았다 다시 잃고 다시금 찾으려는 싸움만이.[63]

---

62 Richard E. Palmer, *Hermeneutics*, 184.

63 T. S. Eliot, 'East Coker', 17.

결론

너희 학자들에게 화가 있다!

너희는 지식의 열쇠를 가로채서,

너희 자신도 들어가지 않고,

또 들어가려고 하는 사람들도 막았다! (루가 11:52)

성서 학자들인 우리에게 우리가 처한 상황을 왜곡해 받아들이기란 너무나 쉬운 일이었다. 우리는 새로운 해석 기법이 등장할 때마다 흥분했다. 이 분야에서 끊임없이 발견되는 변칙, 예외 사례들을 해결할 수 있을 것이라는 헛된 희망을 품었기 때문이다. 양식 비평, 편집 비평, 최근에는 관객 비평,

구조주의, 정신사, 사회학적 분석 등 수많은 기법이 계속해서 등장한다. 하지만 이 모든 기법은 낡은 객관주의 패러다임에 추가되는 요소들일 뿐 우리를 소외된 거리에서 벗어나게 하는 데 아무런 도움이 되지 못한다. 우리가 파산했다면, 그건 우리가 노력하지 않았기 때문이 아니라 긴 시간 잘못된 방식으로 노력했기 때문이다. 우리가 마주한 문제는 단순히 잘못된 몇몇 개념들이 아니라 소외된 정신, 즉 우리의 생각, 삶의 방식, 자아상, 야망, 헌신, 가치관을 형성하는 "정사와 권세"다. 몇 가지 범주들에 변화를 주어서는 이 문제를 다룰 수 없다. 우리는 악령에 사로잡혔다. 우리에게 필요한 건 축귀다. 우리는 학계의 '좋은' 의견에 대한 의존, 학계에서 정의하는 성공을 이루지 못할 것에 대한 불안, 변증법상 거리 두기의 순간에 얼어붙은 파우스트적 왜곡, 자기 자신을 제외한 모든 것을 향한 비판적 의심에서 벗어나야 한다. 자신은 그런 악령에 사로잡히지 '않았다'고 말하는 이들도 있을 것이다. 그러나 진실로 자유로워지기 위해 분투한 이라면 그렇게 말하지 않을 것이다. 진실로 자유로워지고자 하는 이는 자신이 더는 그런 악령에 사로잡히지 '않겠다' 말할 것이다. 그런 맥락에서 이 책은 악령을 쫓아내기 위해 쓴 책이다. 그리고 악령에 사로잡힌 사람은 다른 누구보다도 바로 나다.

이 책은 다른 누군가를 겨냥하고 쓴 책이 아니다. 이 책이 겨냥하고 있는 대상은 (하느님께 감사하게도) 완전히 육화되지는 않았으나 초자아로 내면화되어 자아에 마성적 힘을 행사해 강박을 일으키는 특정 역할 유형이다. 우리의 가장 탁월한 해석학도, 학자로서 가장 고귀한 신념도 이 유형 앞에서는 무력하다. 자신이 "지식의 열쇠"를 빼앗겼다는 사실을 인정하기란 매우 어려운 일이다. 지금까지 나는 나의 학문적 역량을 뽐냄으로써, 그리하여 학자로서 내 역할에 의존함으로써 이를 숨기려 노력했다. 하지만 자유롭기 위해서는, 즉 올바로 응답하기 위해서는 변화해야만 하며 이는 일종의 죽음을 의미한다. 이 책에서 제안한 변증법적 해석학은 우리가 생명을 잃어버렸다는 진실, 다시 생명을 찾아야 한다는 진실을 방법론을 빌려 정교하게 설명한 것에 지나지 않는다.

그는 자신의 영웅적 의지도 잊어야만 한다. 그가 고매한 자를 넘어 고양된 자가 되어야 하니 말이다. 하늘의 에테르가 그를 그 의지 없는 자를 드높여야 하리라! 그는 괴수들을 제압했고 수수께끼를 풀었다. 하지만 여전히 그 자신의 괴수와 수수께끼를 구원하는 일이 남아 있다. 이것들을 그는 천상의 아이로 변화시켜야 하는 것이다. ... 그대 고매한 자들이여! 근육의 긴장을 풀고 의지를 벗어던지고 서 있는 일, 이것이 그대들 모두에게는 가장 어려운 일이다. ... 나는 그대가 온갖 악을 행할 수 있다고 믿는다. 그래서 나는 그대에게 선을 바라는 것이다.[1]

우리의 문제는 우리의 전문성이 아니라 우리의 인간성이다. 우리는 우리 학문의 미래가 아닌, 우리 삶을 위해 분투해야 한다. 과도한 희망일지도 모르겠으나, 그럼에도 불구하고 나는 고대한다. 성서 연구의 새로운 패러다임, 새롭고, 우리 삶에 더 맞갖은 방식이 도래하기를.

---

1 Friedrich Nietzsche, 'About Exalted Men', *Thus Spake Zarathustra* (New York: Viking Press, 1966), 119~20. 『차라투스트라는 이렇게 말했다』(사색의숲)

후기

월터 윙크의 『성서는 변혁이다』가 재출간된 것을 축하하며, 이 후기를 쓰게 된 것을 영광으로 여긴다. 월터와 나는 20년 전 예수 세미나에 참여하며 만났고, 이후 친구로 지냈기 때문에 이 글에서는 계속 그를 월터라고 부르겠다.

이 얇지만 중요한 책은 놀랍고도 대담한 문장으로 시작해 독자들에게 강한 인상을 남겼다. 이 문장은 흡사 선언문의 시작처럼 들린다. "역사 비평은 파산했다." 대다수 대담한 선언문의 표현들이 그러하듯 이 문장은 과장된 표현이다. 하지만, 이 책이 쓰였을 당시 이 문장은 진실을 담고 있었고 40여 년이 지난 지금 역시 그러하다. 그때나 지금이나 주류 학계 대다수 성서 연구자는 마치 고대 유물 박물관 소속 연구원처럼 고대 문헌을 '객관적으로' 분석하는 데만 관심을 기울인다. 그러나 성서는 개인, 공동체, 세계를 변혁하는 힘을 갖고 있다. 이 책 1장에서 월터가 한 말을 빌리자면, 우리의 과제는 "성서 해석을 통해 과거를 생생히 되살리고 우리에게 개인적, 사회적 변혁의 새로운 가능성을 제시하는 것"이다.

아이러니하게도, 역사 비평의 파산을 선언함으로써 월터는 지난 40년 동안 최고의 역사 비평가 중 한 사람이 되었다. 그러나 그는 성서 박물관의 연구원이 되라는 학계의 유혹에 굴복하지 않았다. 대신 그는 성서에 충실하고 성서를 통해 변혁되기를 추구하는 공동체에서 살아가는 이들에게 성서의 의미를 전하려는 열정(이 열정은 맹목적인 열정이 아니라 학문의 훈련을 받아 다듬어진 열정이다)으로 가득한 책을 썼다. 월터는 역사 비평을 잘 알고 활용했으며 다른 학문 분야의 통찰을 창의적으로 보완해 이들을 통합했다.

성서의 변혁하는 능력에 대한 월터의 믿음은 그의 삶에도 고스란히 반영되었다. 그는 자신의 쓴 글을 삶으로 살아냈다. 나를 포함해, 그리스도교 기원을 연구하는 대다수 학계 동료와는 달리 그는 자신의 생각을 몸소 실천으로 옮겼다. 그렇게 그는 삶과 세상을 변혁하는 그리스도교 지성인으로 평생을 살았다. 그는 전 세계에서 강연을 진행했으며 사람들에게 그리스도인으로 사는 법을 훈련 시켰다. 언젠가 그는 아파르트헤이트가 여전하던 시기, 남아프리카 흑인들에게 비폭력 저항의 방식과 목표, 예수를 통해 드러난 하느님에 근거한 저항의 목표와 방법을 전하기 위해 불법으로 남아프리카공화국에 들어가는 등 위험천만한 일에 참여하기도 했다.

내가 월터를 실제로 만난 건 1980년대 후반이지만, 옥스퍼드에서 박사 과정을 밟고 있던 1969년 가을부터 그의 이름을 알고 있었다. 당시 나는 역사적 예수 탐구에 관한 모든 자료를 읽으려 했고, 그 시작은 예수의 스승인 세례자 요한과 예수의 관계에 관한 자료들이었다. 나는 이와 관련된 자료들을 읽어나갔고 월터가 1968년에 쓴『복음서 전승에서의 세례자 요한』John the Baptist in the Gospel Tradition을 접했다. 매우 인상적인 책이었다. 당시 나는 세례자 요한에 관한 한 그 책이 최고라고 생각했으며 월터가 세계 최고의 요한 권위자라 생각했다. 그가 불과 30세 정도의 나이에 그 책을 썼으며, 나와 그리 나이 차가 나지 않는다는 사실은 알지 못했다. 1969년에 이미 월터는 나에게 커다란 산이었다. 이후 40년 동안 나는 그의 저술들에 감탄했고, 그를 존경했다. 교회에 강연하러 갈 때마다 그의 저술들을 추천했으며 책을 쓸 때면 늘 그의 책을 언급했다. 특히 추천한 책은 『권세들과 마주하기』와 소책자인 『예수와 비폭력』Jesus and Nonviolence이다. 대학교에서 나는 수년간 『예수와 비폭력』을 교재로 썼고 학생들은 이 책을 (월터의 다른 책이 그러하듯) 도발적이고 신선하다고 생각했다.

나는 그에게 많은 것을 배웠다. 신약학 전반에 대해서도 마찬가지다. 그의 주요 주제들은 주류 학계에서 통용되고 있다. 분량상 여기서 그 모두를 다룰 수는 없지만, 신약성서와 초기 그리스도교를 연구하는 현대 학자들이 받아들인 그의 지혜를 간략히 언급하면 다음과 같다.

- '지배 체제들'domination systems이라는 개념. 월터는 어떤 신약학자보다 고대 세계의 전형적인 정치, 경제 체제를 잘 이해할 수 있는 언어를 제시했으며 예수와 초기 그리스도교를 이해할 때 지배 체제들이 중요함을 강조했다. 그리고 그는 이 체제들이 현대 세계에서도 이어지고 있음을 분명히 했다.
- '정사와 권세'에 관한 신약성서의 표현들에 대한 월터의 이해. 물론 이는 '지배 체제들'에 대한 월터의 관심

과 관련이 있지만, 그의 또 다른 독특한 공헌으로 볼 만한 가치가 있다. 그는 초기 그리스도교인들이 세상을 이해한 핵심 요소로 "권세들"을 들었고 이에 관한 3부작('권세들에 이름 붙이기', '권세들의 가면 벗기기', '권세들과 마주하기')을 썼다. 이후 그는 네 번째 책『권세들 - 새천년을 위한 신학』The Powers That Be: Theology for a New Millennium을 써서 '권세들'에 대한 자신의 이해를 한 권에 요약했다. 그는 신약성서에서 권세가 차지하는 중요성을 깨닫게 하는 데 도움을 주었을 뿐 아니라, '체제 악'이 우리 개인보다 더 크다는 사실을 깨닫게 하는 데 도움을 주었다. '권세들'에 대한 신약성서의 표현들, 그 신화적 용어들을 어떻게 생각하든 간에 그 언어가 가리키는 사회적, 영적 힘이 우리에게 커다란 영향을 미치고 있다는 것만큼은 논란의 여지가 없다. 우리 세대 그 어떤 신약학자보다도 월터는 우리가 이를 볼 수 있도록 도와주었다.

- 예수가 비폭력 저항을 옹호했다는 주장. 예수는 억압에 항의함으로써, 비폭력을 통해 지배로부터 자유로운 질서를 옹호함으로써 당시 지배 체제에 저항했다. 월터는 널리 알려진 산상 수훈, 원수를 사랑하라는 말, 누

가 오른쪽 뺨을 치거든 왼쪽 뺨마저 돌려대라는 말, 누군가 오 리를 가자고 하거든 십 리를 같이 가 주라는 말, 속옷을 가지려는 사람에게는, 겉옷까지도 내주라는 말을 주석하면서 이러한 말들이 적극적인 비폭력 저항에 대한 권고이며 예수는 바로 그 본이라고 주장했다. 또한, 그는 비폭력이 1세기 이후 인류 역사에서 사회 변혁을 이루어냈던 수많은 사례를 설명함으로써 비폭력에 대한 헌신이 비현실적이라는 통념을 반박했으며 얼마나 실질적이며 지혜롭고 올바른 길인지를 알려주었다.

월터는 탁월한 신약학자이자 소중한 동료이자 친구다. 인간과 세계를 변혁하는 하느님의 수단으로서 성서를 다시 보게 해 준 월터의 초기 저서를 새로운 세대의 독자들에게 추천할 수 있게 되어 기쁘다.

마커스 보그Marcus Borg

네가 본 것을 기록하라

예수를 처음으로 생생하게 만난 건 초등학교 4학년 때였다. 당시 나는 거친 성격 탓에 교회 주일학교에서 쫓겨났다. 이에 부모님은 내가 일요일 가족 식사에 참여하는 걸 금하셨고 방에 머물게 하셨다. 방에 있던 나를 위로하는 차원에서 어머니는 막 나온 신약성서 개정표준판the Revised Standard Version을 주셨다. 마태오 복음서를 읽었다. "아브라함의 자손이요 다윗의 자손인 예수 그리스도의 계보는 이러하다. 아브라함은 이삭을 낳고, 이삭은 야곱을 낳고, 야곱은 유다와 그의 형제들을 낳고, 유다는 다말에게서 베레스와 세라를 낳고, 베레스는 헤스론을 낳고, 헤스론은 람을 낳고… " 계속 읽을수록 나는 복음서에 매료되었고, 동시에 무수한 질문이 떠올랐다. 주변 사람들은 입을 모아 성서가 세상에서 가장 중요한 책이라고 했다. 그런데 내가 보기에는 말이 되지 않았다. 왜 이렇게 긴 족보로 책이 시작될까?

당시 우리 가족은 댈러스에 있는 감리교 교회에 다녔고 담임목사는 내가 대학에 입학할 때까지 마셜 T. 스틸Marshall T. Steel 목사였다. 그는 뉴욕 유니온 신학교를 나왔고, 설교 본문을 복음서로만 했던, 하르낙 계열의 자유주의자였다. 보수적인 환경 가운데서도 그는 신중하고, 또 부드럽게 UN과 인종 통합을 옹호했다. 교회는 나에게 "하느님의 아버지 되심과 인류의 형제애"를 가르쳐주었다. 나는 교회에서 지옥불과 지옥의 위협을 받은 적이 없다. 완고한 근본주의자들도 만나지 못했다. 그리고 바울 중심의 신학도 접하지 못했다. 은총grace이나 칭의justification는 내게 낯선 말이었다. 나는 산상 수훈에 심취한 감리교 완전주의자Methodist perfectionist였고, 당시 내 유일한 목표는 성서와 교회와 부모님이 요구한 완전을 이루는 것이었다.

대학교 2학년 때 나는 무신론에 빠져들었지만, 교회에는 계속 다녔다(이상하게도 나는 내가 더는 믿지 않는 하느님이 나를 목회자로 부르고 있음을 알았다). 어느 날, 주일 예배 때 누군가 마태오 복음서 6장을 낭독했다.

그러므로 내가 너희에게 말한다. 목숨을 부지하려고 무엇을 먹을까 또는 무엇을 마실까 걱정하지 말고, 몸을 감싸려고 무엇을 입을까 걱정하지 말아라. 목숨이 음식보다 소중하지 아니하냐? 몸이 옷보다 소중하지 아니하냐? 공중의 새를 보아라. 씨를 뿌리지도 않고, 거두지도 않고, 곳간에 모아들이지도 않으나, 너희의 하늘 아버지께서 그것들을 먹이신다. 너희는 새보다 귀하지 아니하냐? 너희 가운데서 누가, 걱정을 해서, 자기 수명을 한 순간인들 늘일 수 있느냐? 어찌하여 너희는 옷 걱정을 하느냐? 들의 백합화가 어떻게 자라는가 살펴보아라. 수고도 하지 않고, 길쌈도 하지 않는다. 그러나 내가 너희에게 말한다. 온갖 영화로 차려 입은 솔로몬도 이 꽃 하나와 같이 잘 입지는 못하였다. 오늘 있다가 내일 아궁이에 들어갈 들풀도 하느님께서 이와 같이 입히시거든, 하물며 너희들을 입히시지 않겠느냐? 믿음이 적은 사람들아! 그러므로 무엇을 먹을까, 무엇을 마실까, 무엇을 입을까, 하고 걱정하지 말아라. 이 모든 것은 모두 이방사람들이 구하는 것이요, 너희의 하늘 아버지께서는, 이 모든 것이 너희에게 필요하다는 것을 아신다. 너희는 먼저 하느님의 나라와 하느님의 의를 구하여라. 그리하면 이 모든 것을 너희에게 더하여 주실 것이다. 그러므로 내일 일을 걱정하지 말아라. 내일 걱정은 내일이 맡아서 할 것이다. 한 날의 괴로움은 그 날에 겪는 것으로 족하다. (마태 6:25~34)

갑자기 그런 생각이 떠올랐다. '이 선언, 이 약속을 실제로 경험할 수 있는지 검증해보자. 학문으로도 검증해보자. 단순히 신 존재를 의심하기보다는 이 약속을 시험해 봐야겠어. 여름이 되면 이것이 참인 것처럼 행동해야지. 그러면 신이 진짜 있는지 없는지도 알게 되겠지.'

그해 여름 나는 제재소에서 일하기 위해 오리건에 갔다. 아는 사람 하나 없었고, 친구도 없었다. 영적인 원천도 상실한 상태였다. 어느 날 오후, 버지니아 더글라스 전나무 숲을 거닐었다. 전나무 숲 아래에서는 진달래꽃이 만발해 있었다. 하느님을 믿고 있었을 때, 아름다운 자연은 창조주의 손길을 알려주는 가장 좋은 길이었다. 신앙이 있던 상태에서 그 모습을 봤다면 나는 하느님을 찬미하는 마음으로 가득 찼을 것이다. 하지만 전나무 숲에서 체험한 것은 깊은 소외감, 외로움이었다. 신이 없다면 자연의 아름다움에 감사를 돌릴 존재, 자연을 통해 교감을 나눌 존재도, 이렇게 창조된 것들을 통해 나를 만날 존재도 없었기 때문이다. 나는 다시 신약 성서를 읽었다. 딱히 이유는 없었지만, 사도행전에 눈이 갔다. 읽으면 읽을수록 소외감은 커졌다. 사도행전에서는 성령이 제자들에게 쏟아지고 성령을 받은 제자들은 사람을 치유했다. 모두 불가능한 일처럼 보였다. 본문의 모든 구절이 거짓이거나 적어도 대부분이 거짓인 것처럼, 아니면 그걸 해석하는 교회가 전부 거짓이거나, 적어도 대부분이 거짓인 것처럼 느껴졌다. '대학물'을 먹은 나는 이성을 나의 신으로 만들었다. 내 안에는 여전히 성서에 바탕을 둔 세계관이 있었지만, 동시에 유물론적 세계관이라는 새로운 세계관이 의식하지 못한 사이에 나에게 들어와 있었다. 어쩌면 내 '의심'은 이 두 상반된 세계관을 모두 받아들이고 있었기에 일어났는지도 모른다. 한 달 정도 씨름한 끝에 나는 '신이 존재해야 한다'는 결론에 도달했다. 하지만 거기에는 아무런 내용도 없었다. 당시 내게 신이 존재한다는 건 일종의 당위였다. 어린 시절 믿음은 날아갔지만, 또 다른 믿음에는 이르지 못했다.

그러던 중 친구의 제안으로 포틀랜드 근처에 5일간 피정 retreat을 가게 되었다. 글렌 클라크Glenn Clark나 프랭크 루박 Frank Laubach 같은 이들이 이끄는 기도 운동 단체인 CFO Camps Farthest Out가 주관하는 피정이었다. 모임을 이끈 이는 롤런드

브라운Roland Brown이었는데 피정 기간 내내 나와 많은 이야기를 나누었고, 나를 위해 기도했다. 나에게 그는 마치 하느님 사랑의 현현처럼 보였다. 피정을 마치는 예배 때 성서 본문은 공교롭게도 마태오 복음서 5장 25~34절이었다.

너는 그 제물을 제단 앞에 놓아두고, 먼저 가서 네 형제나 자매와 화해하여라. 그런 다음에 돌아와서 제물을 드려라. 너를 고소하는 사람과 함께 법정으로 갈 때에는, 도중에 얼른 그와 화해하도록 하여라. 그렇지 않으면, 고소하는 사람이 너를 재판관에게 넘겨주고, 재판관은 형무소 관리에게 넘겨주어서, 그가 너를 감옥에 집어넣을 것이다. 내가 진정으로 너희에게 말한다. 너희가 마지막 한 푼까지 다 갚기 전에는, 거기에서 나오지 못할 것이다. '간음하지 말아라' 하고 말한 것을, 너희는 들었다. 그러나 나는 너희에게 말한다. 여자를 보고 음욕을 품는 사람은 이미 마음으로 그 여자를 범하였다. 네 오른 눈이 너로 하여금 죄를 짓게 하거든, 빼서 내버려라. 신체의 한 부분을 잃는 것이, 온몸이 지옥에 던져지는 것보다 더 낫다. 또 네 오른손이 너로 하여금 죄를 짓게 하거든, 찍어서 내버려라. 신체의 한 부분을 잃는 것이, 온몸이 지옥에 던져지는 것보다 더 낫다. '누구든지 아내를 버리려는 사람은 그에게 이혼 증서를 써주어라' 하고 말하였다. 그러나 나는 너희에게 말한다. 음행을 한 경우를 제외하고 아내를 버리는 사람은 그 여자를 간음하게 하는 것이요, 또 버림받은 여자와 결혼하는 사람은 누구든지 간음하는 것이다. 옛 사람들에게 말하기를 '너는 거짓 맹세를 하지 말아야 하고, 네가 맹세한 것은 그대로 주님께 지켜야 한다' 한 것을, 너희는 또한 들었다. 그러나 나는 너희에게 말한다. 아예 맹세하지 말아라. 하늘을 두고도 맹세하지 말아라. 그것은 하느님의 보좌이기 때문이다.

나의 경험적 검증은 서서히 참으로 기울기 시작했다.

피정을 마치고, 여름이 반쯤 지났을 무렵, 노동자들이 파업을 일으켜 제재소에서 일을 할 수 없게 되었다. 그래서 몇 주간 나는 과일 따는 일을 했다. 낮에는 딸기와 체리를 땄고 밤에는 유진 외곽 쓰레기장과 교회 빈 예배당을 전전하며 잠을 잤다. 그런 나를 지켜보던 한 여성 신자분이 이제 무얼 할 생각이냐고 물었다. 나는 모르겠다고 답했다. 말은 그렇게 했지만, 세일럼으로 가볼까 고민 중이었다. 알고 보니 그녀는 파업 중이 아닌 다른 제재소의 소유주였다. 그녀는 내게 일할 만한 곳을 찾아봐 주겠다고 이야기했다. 하지만, 월요일까지 일할 만한 곳을 찾을 수 없었고, 그녀와 친구는 대신 세일럼에 나를 데려다주겠다고 했다.

세일럼에 도착하자, 그녀는 오랜 친구인 마을 상공회의소 대표를 만나러 가보자고 이야기했다. 그리고 대표를 만나 일자리를 얻을 수 있는지 물었다. 대표는 "글쎄요. 칼 호지Carl Hodge가 가구점에서 행사를 하고 있는데, 아마 일손이 좀 더 필요할 겁니다"라고 답했다. 바로 그때, 대표 집 초인종이 울렸고 누군가가 걸어 들어왔다. 칼 호지였다. 그리고 실제로 재고를 확인하고 관리할 사람이 필요했다. 나는 일자리를 얻었다.

이제 그 여성은 내가 어디에 머무를지를 물었다. 나는 피정 중에 만난 친구가 근처에 들를 일이 있으면 자신의 집에 묵게 해주겠다고 한 말을 기억해냈다. 제재소 주인은 그보다는 근처 모텔에 묵는 게 낫지 않겠냐고 했지만, 나는 친구 집에 머무는 것이 좋을 것 같아 그곳에 갔다. 밤 9시 30분경이었지만, 집에는 아무도 없었다. 한 시간 정도 기다리자 친구와 그의 아버지가 왔다. 하필이면 그날 친구의 어머니께서 세상을 떠난 것이다. 그렇게 그날 나는 잘못된 시간, 적절한 장소에 있었다.

다음날, 나는 나를 어딘가로 인도하는 것만 같은 무언가에 좀 더 귀 기울여 보기로 결심했다. 일단 남은 여름 기간 머무를 곳을 찾기 위해 지역 신문의 임대 광고면을 참고삼아 이 집 저 집을 보았다. 기이하게도, 집들이 내게 속삭이는 것만 같았다. "여기는 괜찮아." "아니야, 여기 살면 안 돼." "나쁘진 않아." 그러던 중 현관에 "방"이라는 문구가 쓰여 있는 집을 보았다. 무언가 내게 속삭였다. "바로 여기야!" 주변을 둘러보니 한 남자가 잔디에 물을 주고 있었다. 나는 그에게 다가가 방이 있는지 물었다. 그는 미안하지만 방이 다 찼다고 답했다. 무언가에 홀리듯 나는 말했다. "가서 다시 확인해주실 수 있나요? 누군가 하룻밤 사이에 이사를 갔을 거예요." 그는 자신의 말이 맞겠지만, 한 번 확인해보겠다고 말했다. 바로 그때 그의 아내가 왔다. 자리가 있냐고 물으니 그녀는 지하실에 간이침대가 하나 있기는 한데, 그거 말고는 잘 데가 없다고 이야기했다. 나는 아무래도 좋다고 말했다. 그녀는 사생활 보호를 위해 침대보를 지하실에 걸쳤고 잔디 의자를 가져다 주었다. 어쨌든, 6주 동안 살 곳이 생긴 셈이었다. 그런데 다음날, 집주인이 지하 계단을 걸어 내려와 말했다. 그녀는 나를 보지도 않고 말했다. "하느님이 성령의 선물을 받으라고 당신을 이곳에 보내셨나 보네요." 그렇게, 나는 제대로 된 방을 얻었다. 이 모든 게 5일 만에 일어난 일이었다.

이 모든 일을 겪은 건 1954년이었고, '은사 운동'charismatic Movement이 시작되기 전이었다. 전나무 숲에서 읽은 사도행전을 제외하면, 나는 성령에 대해 아무것도 알지 못했다. 어느 날, 같은 집 다른 방에 살고 있던 친구가 몹시 아파하면서 나에게 함께 집에서 다섯 블록 정도 떨어진 오순절 교회에 가자고 제안했다. 1954년 7월, 나는 그곳에서 일어난 일을 편지로 썼다.

사람들로 가득 찬 곳에서, 단순하고도 뜨겁게 찬송을 부르는 내 모습이 상상이 되니? 그곳에서는 모든 사람이 눈을 감고, 기도하고, 노래하고, 손뼉 치고, 때로는 팔을 위로 뻗으면서 예수를 찾았어. 피아노, 콘트라베이스, 아코디언 연주자들이 연주하고 말이야. 찬송이 계속되는 가운데 갑자기 내 손가락이 타오르는 듯했어. 다른 사람들은 아무렇지도 않아 보였는데 말이야. 불길이 타오르는 것 같더니 내 팔을 올리려 했어. 나는 당황해서, 혹은 자존심에 서둘러 양팔을 옆구리 쪽으로 내렸어. 하지만 불길은 멈추지 않았어. 이제는 등, 무릎, 발로 퍼져나갔지. 마치 무언가 나를 전기로 관통하는 듯했어. 이전에는 단 한 번도 겪어보지 못한 일이었지. 나는 어떻게든 자세를 바르게 하려 했지만 계속 타오르는 불길 속에 무언가 나를 향해 외치는 듯했어. 다이너마이트보다 더 강력한 무언가가 나를 뒤흔들고 있었어. 그러던 중 목사는 "주님을 경배합시다!"라고 외쳤고, 사방에서 사람들은 연신 "주님을 찬미하라!", "할렐루야!", "감사합니다. 주님"을 외치고 찬송을 불렀어. 지금까지 내가 본 풍경 중 가장 괴상한 풍경이었지. 사람들은 이상한 언어로 말했어.

가장 중요한 사건은 그런 예배가 끝나고 나서야. 사람들은 일어서서 계속 찬양을 했지만, 나는 어떤 힘에 눌려 옴짝달싹할 수 없던 상황이었어. 예배가 끝났고, 몇몇 사람만이 남아 기도할 때까지 말이야. 그때도 나는 좀처럼 움직일 수 없었어. 너무나 당황스러운 일이었지. 그런데 목사가 이렇게 이야기하더라고. "오늘 이곳에 하느님께서 특별히 함께하신 분이 있는 것 같습니다." 그는 내게 다가와 내 손을 잡더니 주님을 섬길 준비가 되어 있냐고 물었어. 나는 나도 모르게 "예"라고 웅얼거렸지. 그러자 그는 나를 강대상 앞으로 데려갔어. 나는 무릎을 꿇었지. 그러자 세 명의 목회자들이 나를 둘러싸고 하느님께 찬양을 올리고 방언을 했어. 그때까지 내가 들어본 소리 중 가장 크고, 찬란한 소리였을 거야. 갑자기 두려움, 의심, 저항감, 자존심 같은 게 눈 녹듯 사라졌어. 하느님과 나만 남았지. 저 찬란한 소리들은 하느님과 나 둘만 있게 하는 방벽 같았어. 내 몸에 흐르고 있는 피에, 모든 신경에 새로운 힘이 들어오는 것 같았어. 발에, 손에, 그 힘이 퍼졌지. 좀 더 중요한 건 그 순간, 내가 낙원에서 예수와 함께 있다는 확신이 들었다는 것, 그게 내가 찾던 전부임을 알게 되었다는 거야. 이에 견주면 오히려 내가 몸으로 겪은 체험은 희미하다고도 할 수 있어. 무릎을 꿇고 하느님을 향해 손을 뻗게 되었을 때 나는 모든 족쇄에서 벗어난 것 같은 해방감을 느꼈어. 하느님이 나를 지나갔고 내 모든 부분은 불타는 빛으로 나갔지. 나는 쓰러졌고, 사람들이 쓰러진 나를 붙잡았어. 아무래도 좋았어. 예수가 나를 붙들고 있었거든. 그 어느 때보다도 편안하게, 나는 낙원에서 내려와 예배당 바닥에 누웠어. 하지만 힘은 사라지지 않았지. 내 온몸을 어루만지고 있었어. 손, 발부터 목, 등, 혀, 머리까지 … 목사는 "입을 열고, 주님을 찬미합시다"라고 말했어. 나는 나도 모르게 노래하기 시작했지. 그 어느 때보다도 큰 목소리로, 완전한 해방, 완전한 사랑을 느낀 상태로. 방언이 터져 나오는 것 같기도 했는데 입을 막았어. 알잖아. 난 그런 건 믿지 않았으니까 말이야. 하지만 찬양을 멈출 수는 없었어. 노래하고, 계속 노래했어. 너무 기쁜 나머지 누운

상태로 얼마나 웃었는지 몰라. 그리고 마침내 파도가 가라
앉았어.

집에 돌아와 집주인 아주머니에게 이 경험을 이야기하니, 금
식을 해보는 게 어떻겠냐고 제안했다. 그 뒤 나는 일주일간
물만 마셨다. 금식 기간 어떤 강력한 상像이 떠올랐다. 모루
에 못이 박히는 모습 말이다. 물론 모루가 과열되지 않는 한
그런 일이 실제로 일어나는 건 불가능하다. 하지만 나는 금
식 중에 그 모습을 보았다. 이후 나는 하느님의 실재를 의심
할 수 없었다. 이른바 '신 죽음' 신학이 유행할 때는 그 흐름
을 따라 하느님의 현존을 의심하려 노력했지만, 아주 작은
회의조차 일어나지 않았다.

  학기가 시작되었고 나는 서던 메소디스트 대학교에 돌아
와 여름에 겪은 일을 친구들에게 들려주었다. 두 명을 제외
하고는 다들 내가 정신이 나갔다고 생각했다. 하지만 난 어
느 때보다도 제정신이었다. 다만 어떤 면에서, 나는 내 지성
과 경험이 분열되는 것을 감지했다. 적어도 그런 체험을 하
면 곧잘 빠지게 되는 길인 오순절 근본주의가 내가 다다라
야 할 곳은 아닌 것 같았다. 여러 갈등과 기도 끝에, 나는 내
지성을 하느님께 바쳐야 하며, 내 자아보다는 하느님을 위해

내 지성을 사용해야 한다는 깨달음을 얻었다. 하느님께서 이성을 선물로 주셨으며, 이를 자신을 위해 쓰라는 명령을 감지했기 때문이다. 이성을 쓰지 말거나 죽여야 한다는 음성은 단 한 번도 들은 적이 없다. 이후 나는 교회와 신학교의 도움은 거의 받지 못한 채, 몇 안 되는 친구들의 도움을 받으며 1954년 여름에 겪은 일을 내 삶과 통합하는 데, 과학, 역사, 정치, 심리학, 신학이라는 맥락에서 이를 이해하는 데 평생을 보냈다. 여정은 무척 길었지만 즐거웠다. 하느님께서 이 여정을 상상 이상으로 복잡하게 해놓으셨다는 것에 감사할 뿐이다.

이후 오랜 시간, 나는 1954년에 겪은 일에 대해 누구와도 이야기를 나누지 않았다. 지금도 그 시절 겪은 일을 생각하면 어리둥절하고, 곤혹스러울 때가 있다. 그러나 그 체험은 성서 학자로서 내가 하는 모든 활동에 영향을 미쳤다. 역사 연구는 과거를 바라볼 때 유추에 의존한다. 즉 우리가 현재 우리 자신에 좁은 관점을 갖고 있다면, 어떤 이유로든 우리 삶의 경험 폭이 좁거나, 단색이거나, 삶이 필요 이상의 불안과 염려로 가득 차 있다면 과거를 이해하는 능력 역시 손상될 수밖에 없다. 이단을 두려워하고, 독단적이고 억압적인 정통주의를 고수하는 곳, 주지주의적이고 스콜라주의적인 곳에서 성장한 사람은 초기 교회의 자발성, 과감히 경계를 무너뜨리는 모습을 받아들이기 힘들어할 것이다. 비슷한 맥락에서 몇몇 동료 학자들이 불가능하다고 본 몇몇 복음서 사건들의 역사적 타당성을 받아들이는 데 나는 별다른 어려움을 느끼지 않았다. 치유 사역은 CFO 피정과 오순절 교회 체험의 일부였기 때문이다. 텍사스에 있는 한 교회에 목사로 부임했을 때, 나는 치유 예배를 진행했다. 당시 동료 목회자들은 그런 내가 미쳤다고 생각했다(내가 치유 예배를 진행했을 때는 1964년, 그러니까 아그네스 샌포드Agnes Sanford가 주도하는 내적 치유 운동이나 은사주의 운동에 주류 교단이 관심을 보이기 전이었다). 첫 번째 치유 예배를 하기 전 금요일, 나는 한 여성 신자에게 전화를 받았다. 그녀는 의사에게 자궁에 종양이 있다는 이야기를 들어 일요일 교회에 나오기 어려울 것 같다고 했다. 나는 나도 모르게 하느님께서 그녀를 치유해주실 것이며 일요일 예배에 나오는 데는 문제가 없을 것이라고 유쾌한 말투로 말했고(이후 나는 다시는 누군가에게 그런 말을 한 적이 없다), 순진했던 그녀는 내 말을 믿었다. 예배 때 우리는 함께 기도했다. 다음 주에 그녀는 다시 의사를 찾아갔는데, 의사는 그녀에게 말했다. "조직 검사 결과가 나왔는데, 다시 한번 봐야 할 것 같습니다." "왜요?" "종양이 사라졌거든요."

이런 일 때문에, 그리고 이와 유사한 체험들 때문에 나는 예수가 실제로 사람들을 치유했다고 믿는 데, 단순히 마음의 병이 아니라 몸의 병을 치유했다고 믿는 데 어려움이 없었다. 자신이 그런 치유를 받지 못했거나, 다른 누군가 그런 치유를 받은 모습을 본 적이 없는 학자들은 치유 이야기들의 역사성을 받아들이지 못할 수 있다. 아마 그들은 내가 방금 한 이야기도 진실이 아니라고 이야기함으로써 현실에 대한 자신들의 이해를 옹호할 것이다. 이러한 판단은 역사적 근거를 바탕으로 이루어졌다기보다는, 그들의 세계관, 즉 유물론을 바탕으로 이루어진 것이다. 역사적 논의를 둘러싼 갈등은 종종 세계관의 차이 때문에 일어나며, 이는 원리상 역사적 방법으로는 해결될 수 없다. 한 사람의 세계관은 그가 현실, 실재를 어떻게 보는지에 따라, 그러므로 현실에서 어떤 일이 일어날 수 있느냐고 보는지에 따라 달리 구성된다. 현실에서 얼마든지 다양한 일이 일어날 수 있음을 받아들일 수 있는 감각이 무뎌진 이는 성서를 볼 때도 자신의 궁핍한 경험의 틀로 볼 수밖에 없다. 그렇기에 성서라는 본문을 마주하기 위한 가장 좋은 방법은 우리의 경험의 넓이와 깊이, 특히 영적 현실과 실재에 대한 경험의 넓이와 깊이를 지속적으로 확장하는 것이다. 휴스턴 근처 노동자들을 상대로 목회를 하면서 나는 그들에게 그리스도교 신앙이나 신학의 일정 부분을 충분히 전하지 못함을 깨달았다. 그들이 지능이 떨어져서, 혹은 학교 교육을 충분히 받지 못해서가 아니었다. 내가 내 기존 세계를 고집하고, 그들의 세계를 충분히 이해하지 못해서였다.

이 깨달음으로 인해 이후 나는 글을 쓸 때 좀 더 명확히 쓰려, 학문의 장에서만 통용되는 전문 어휘를 쓰지 않고 난해한 인용을 하지 않으려 애썼다. 어떤 주제로 글을 쓰든, 어떤 잡지(설령 전문적인 독자를 상대로 한 학술지라 할지라도)에 글을 쓰든 나는 의무교육을 받은 사람이라면 누구든 소화할 수 있을 정도로 글을 썼다. 결과적으로, 이후 내가 쓴 글은 「성서 문헌 연구」Journal of Biblical Literature나 미국 종교학회American Academy of Religion에서 펴내는 학술지에는 거의 실리지 못했다. 학술지들의 편집위원들은 내 글이 "격식을 갖추지 않았으며", "대중적"이라는 이유를 들어 글을 실어주지 않았다. 하지만 나는 학자들이 어떠한 논의를 주고받고 있는지를 궁금해하는, 무수히 많은 '비전문가'를 '독자'에서 제외해서는 안 된다고 생각했으며 여전히 그러하다. 나는 그들을 염두에 두고서도 충분히 학문성을 갖춘 글을 쓸 수 있다고 생각하고 그러한 면에서 예수 세미나를 높이 평가한다. 세미나를 주도하는 로버트 펑크가 회원들에게 언제나 비전문가들을 염두에 두고 말하고 글을 쓰도록 독려하기 때문이다.

5년 동안 나는 지역 교회에서 활동하며 많은 교훈을 얻었다. 그리고 1967년 뉴욕 유니온 신학교에서 성서학을 가르치게 되었다. 당시 학교는 학생 혁명, 흑인 거주 지역 개발 문제, 흑표범당 보석금 문제 등과 같은 일들을 두고 뜨거우면서도 혼란스러운 논쟁을 벌이고 있었다. 인종차별과 가부장제 대한 문제의식이 고조되고 있었고, 사람들은 더 민주적이고, 다양한 시민들이 참여할 수 있는 새로운 형태의 정치를 추구했다. 나는 당시 우리가 겪고 있는 격변과 성서를 연결하려 노력했지만, 성과는 미미했다. 성서학계에서 논의되고 있는 바와 대다수 사람의 관심사가 무관하다는 것을 나는 지역 교회 목회를 하며 뼈저리게 느꼈다. 그리고 안타깝게도 학자들은 학자들끼리만 묻고 답하는 데만 관심이 있었다. 그들은 자신들이 책임져야 할 공동체가 교회가 아니라 전문 학자들의 학술 공동체라 생각했다. 학계에서 활동하며 나는 성서에 대한 객관적인 접근이 삶의 실질적인 문제를 다루는 데 얼마나 무관심한지, 또 무력한지를 체감했고 성서에 접근하는 더 나은 방법을 찾으려 노력했다. 점차 나는 오늘날 우리의 삶과 성서 본문의 연관성은 어떤 탐구의 끝에서 진행되어

야 하는 것이 아니라 처음부터 포함되어 있어야 함을 깨달았
다. 그래서 '인간 잠재력 운동'human potential movement의 다양한
기술을 탐구했고 악의 평범성에 관한 연구, 나르시시즘 연
구에서 많은 것을 배웠다. 특히 내가 많은 도움을 받은 이들
은 샌프란시스코에서 활동하는 심리학 연구자들이었다. 엘
리자베스 보이든 하우스라는 창조적인 사상가가 주도했던
이 연구 집단은 소크라테스식 대화법, 칼 융의 심층심리학을
활용해 예수의 삶과 가르침을 다루고 있었다. 그전부터 융
의 분석을 접한 적이 있고, 그리스도교 신앙을 가르칠 때 종
종 소크라테스식 대화법을 활용했기에 나는 이들과 편안하
게 교류할 수 있었다. 하지만 이 시기, 나는 좀 더 중요한 점
을 깨달았다. 즉 나 자신의 가난poverty에 대해 좀 더 성찰해야
할 필요를 느낀 것이다. 나 자신의 가난에 대해 숙고하지 않
으면 나는 성서의 신비에 가까이 다가갈 수 없으며 성서와의
만남을 통해 바뀔 수도 없을 것이라는, 단지 그 주변을 맴돌
며 성서 본문에 관한 많은 정보만 축적하게 될 것이라는 생
각이 들었다. 모든 사람은 자신이 다다른 영적 깨달음의 수
준을 넘어 예수상을 그릴 수 없다. 재구성한 결과물은 재구
성한 사람을 넘어서지 못한다. 우리는 자신이 이해하지 못한
진리를 설명할 수 없으며 이해하지 못한 통찰을 제시할 수

없다. 한 사람의 예수상은 예수뿐만 아니라 그 예수상을 그린 이를 반영한다. 누군가 영적인 수준에서 유아 상태에 머물러 있다면, 그는 그 이상의 인간 현실 전체를 온전히 감지하기 힘들다. 요한계시록 1장 19절에서 선견자 요한은 한 음성을 듣는다.

네가 본 것을 기록하여라. (계시 1:19)

여기에 문제가 있다. 우리는 우리가 본 것만 기록할 수 있다. 우리가 계시를 보지 못한다면, 우리는 이를 기록할 수 없다. 내 학문의 가장 큰 장애물은 신앙이 아니라 내가 영적으로 보지 못하는 사람이었다는 것이다.

1971년 나는 샌프란시스코 심리학 연구자들이 연 모임에 처음으로 참석했다. 그곳에서 우리는 마르코 복음서 2장 1절~12절에 나오는 '중풍 병자' 이야기를 두고 이를 어떻게 내면화할지에 대해 논의했다. 그들은 내가 중풍 병자라면 어떤 모습일지를 상상하고 이를 점토로 만들어보라고 했다. 나는 신약학 박사였고, 명망 있는 학교의 교수였다. 내게는 중풍병이 없으며, 내 인생은 나름대로 순조롭게 흘러가고 있다고 생각했다. 하지만 딱히 그런 제안을 거부할 이유도 없었다.

나는 눈을 감고 내 손이 가는 대로 점토를 만졌다. 어느 정도 시간이 흐르고 눈을 뜨고 어떤 모습이 나왔는지를 보았다. 날개가 부러진 새가 있었다. 나는 예술가가 아니다. 내 손이 그런 모습을 빚어냈다는 게 그저 놀라울 따름이었다. 좀 더 중요한 것은 날개가 부러진 새가 무엇인지를 알게 되었다는 것이다. 그것은 위축되고 여러 감정을 감춘 '나'였다. 이후 8년 동안 나는 잃어버린 감각을 회복하는 여정을 거쳤다.

나는 내가 배운 것들을 즉시 유니온 신학교의 수업 때 적용했다. 학생들은 좋아했지만, 내 동료들은 좋아하지 않았다. 그들은 대학원생들이 주일 학교 마냥 점토와 파스텔을 가지고 이런저런 활동을 벌이는 걸 못마땅하게 여겼다. 수업에서나 시위 현장에서 소리 높여 주기도문을 암송할 때도 그들은 '아멘'으로 응답하지 않았다. 1973년 『성서는 변혁이다』의 '악명높은' 첫 번째 문장("역사 비평은 파산했다")에 몇몇 동료는 이의를 제기했고, 대다수 동료는 정중한 태도를 유지하며 잠자코 있었다. 그리고 내 재임 여부를 결정할 때 그들은 반대표를 던졌다.

『성서는 변혁이다』는 많은 성서 학자를 자극했고, 나는 사실상 블랙리스트에 올랐다. 유니온 신학교 교수 중 한 사람이었던 밥 린Bob Lynn은 동시에 유니온 신학교 건물을 사용하고 있던 오번 신학교의 작은 연구 센터를 운영하고 있었는데 그곳에 나를 반상근직 교수로 채용했다. 나는 나머지 시간은 학위 수여 기관으로서 기능을 멈추고 교회 사역 개선 프로젝트에 힘을 쏟고 있던 하트포드 신학교에서 보냈다. 이로써 교육 지도자로서 새로운 경력이 시작되었다. 이후 나는 아내 준과 찰흙, 파스텔, 마임, 역할극, 묵상 등을 활용한 워크숍을 진행했다. 워크숍을 진행하면서 나는 오리건에서 내가 체험했던 것, 즉 삶을 변화시킬 수 있는 성서와 만나도록 사람들을 인도하려 애썼다. 감사하게도, 내가 교수 재임용을 거부당했을 때도 하느님께서는 당신의 일을 하고 계셨다.

이 시기 성서공부법에 관심을 가졌던 이유는 실제 현장에서 이를 요구했기 때문이다. 학자로서 나는 이 시기 신약성서에 바탕을 둔 사회 윤리에 관심이 있었다. 윌리엄 스트링펠로우William Stringfellow*가 『순종 안에서의 자유』Free in Obedience

---

* 윌리엄 스트링펠로우(1928~1985)는 성공회 평신도 신학자이자 변호사, 사회 운동가다. 베이츠 칼리지와 런던 정경대학교를 거쳐 하버드 로스쿨에서 법학을 공부한 뒤 변호사가 되어 뉴욕 빈민가에서 흑인들과 라틴계 사람들에게 법률 상담을 했으며 비폭력 저항 운동으로 체포된 이들을 변호했다. 신학을 전문적으로 공부하지는 않았으나 이른 시기부터 그리스도교 운동가로서 인종차별 철폐 운동, 교회일치운동에 적극적으로 참여했으며 1960년대부터는 본격적으로 그리스도교 신앙과 관련된 글을 쓰기 시작해 성공회 평신도 신학자로 명성을 떨쳤다. 주요 저서로 『사적이며 공적인 신앙』A Private and Public Faith(비아), 『순종

에서 제시한 "정사와 권세"의 범주는 나에게 새로운 전망을 제시했다. 그때까지 일반적으로 사람들은 신약성서는 개인의 윤리에만 관심이 있는 것으로 간주했고 사회 윤리에 관심이 있다면 출애굽기나 예언서에 의지해야 한다고 생각했다. 이른바 '권세들' 연작은 처음에는 하나의 책으로 구상했다. 하지만 시간이 흐르며 3권으로 늘어났고 마무리하는 데 28년이 걸렸다. '권세' 3부작의 제목은 각각 '권세들에 이름 붙이기'Naming the Powers, '권세들의 가면 벗기기'Unmasking the Powers, '권세들과 마주하기'Engaging the Powers다. 또 다른 책인 『영지주의 규칙을 깨뜨리다』Cracking the Gnostic Code는 우리 시대 권세들을 다루고 있다.

권세들에 관한 글을 쓰기 위해 1982년 아내와 나는 칠레에서 안식년을 보내기로 결심했다. 군사 독재 정권 아래서의 삶이 어떠한지를 경험하고 싶었기 때문이다. 칠레에서 살면서 나는 비폭력이 지배의 새로운 형태를 만들지 않고 권세들의 지배를 극복할 수 있는 유일한 방법임을 확신하게 되었다. 1986년에는 남아프리카를 방문해 내 확신이 맞는지를 다시 한번 살펴보았다. 그리고 이 경험을 바탕으로 『남아프리

___

안에서의 자유』Free in Obedience, 『신앙의 단순함』A Simplicity of Faith 등이 있다.

카의 폭력과 비폭력』Violence and Nonviolence in South Africa이라는 작은 책을 썼다. 여기서 나는 남아프리카 공화국의 교회들을 향해 아파르트헤이트 정권에 대항하는 비폭력 행동에 더 적극적으로 참여할 것을 촉구했다. 매사추세츠 버크셔에 있는 우리 교회는 IFOR International Fellowship of Reconciliation의 도움을 받아 남아프리카의 성직자 3,200명에게 『남아프리카의 폭력과 비폭력』을 전달했고, 이후 남아프리카 로마 가톨릭 교회 성직자 800명에게도 책을 전달했다. 일부 사람들은 책의 내용을 보고 격분했다. '어떻게 '미국' '백인' '남성'이 감히 고통받고 있는 이들을 향해 자발적으로 더 고통을 감내하라고 말할 수 있단 말인가?' 폭력적인 해결을 옹호한 이들도 마찬가지 반응을 보였다. 그러나 바로 그런 점에서 이 책은 효과가 있었다. 당시 상황 가운데서는 외부에서 온 누군가가 신뢰를 잃지 않으면서 내부에서는 거의 하고 있지 않던 말을 해야만 했다. 책에서 나는 예수의 가르침을 빌어 비폭력(백인 선교사들의 영향 아래 그곳에서 비폭력은 사실상 무저항, 수동성과 같은 말이었다)을 적극적이고 전투적인 의미로 다시 정의했다. 1년 만에 논의는 바뀌었다(내 책은 이에 작게나마 기여했다). 남아프리카 교회 협의회 의장인 프랭크 치카네Frank Chikane는 적극적인 비폭력 행동에 참여할 것을 촉구했다.

1988년 나는 비폭력에 관한 워크숍을 진행해달라는 초대를 받아 다시 남아프리카에 가게 되었다. 하지만 정부는 비자 발급을 거부했고 나를 초대한 롭 로버트슨Rob Robertson은 '불법 입국' 시도를 제안했다. 그래서 나는 리처드 디츠Richard Deats와 (비자 없이도 들어갈 수 있는) 레소토에서 워크숍을 이끌었다. 그곳에서 우리는 매일 찬송가 '주님께 영광'Thine Be the Glory을 불렀다. 워크숍을 마치고 우리는 남아프리카 국경으로 향했다. 국경 초소에 이르자 한 군인이 휘파람을 불고 있었다. 그리고 우리는 인사했다. "주님께 영광을!" 성서에 나올 법한 광경이었다. 군인들은 (예상치 못한 집중호우로 인해 주변이 어두웠기에) 서류 확인이 어려웠고 나에게 여권을 읽어달라고 부탁했다. 그들은 내가 비자를 발급받았는지 확인조차 하지 않았다. 그렇게 해서 나는 남아프리카 공화국에 들어갔고 오리건에서의 경험 이후 가장 풍요롭게 하느님의 인도를 체험했다. 아무도 나를 체포하지 않았고 나는 떠날 때까지 비폭력 워크숍을 진행했다. 워크숍을 마친 뒤 나는 자발적으로 나를 신고했고 남아프리카에서 추방되었다.

비폭력에 대한 관심이 커지면서 워싱턴에 있는 평화연구소는 나를 1989년부터 90년까지 1년간 평화연구원으로 임명했다. 그 1년의 시간이 없었다면, 나는 결코 『권세들과 마주하기』를 끝내지 못했을 것이다(이 책으로 나는 1993년 세 개의 상을 받았다). 1년 동안 나는 『권세들과 마주하기』를 쓰면서 북아일랜드, 동독, 스코틀랜드의 아이오나, 런던에 갔고 비폭력 워크숍을 이끌었다. 한국에도 방문해 워크숍을 진행하기도 했다.

유니온 신학교를 나온 뒤 나는 성서와 예술, 운동과 묵상을 통해 개인과 사회의 변혁을 도모하려 애썼다. 이제 나는 한 바퀴 돌아와 다시금 저 모든 활동의 원천이 된 예수에게 돌아가려 노력하고 있다. 최근에는 예수와 '인자'에 관한 책을 쓰기 위해 자료를 모으고 있으며 예수 세미나에 참여한다. 세미나의 토론은 대체로 흥미롭고 유익하고 재미있으며 참가자들은 훌륭하다. 하지만 내 마음 한편에는 근원적인 불편함이 있다. 이를테면 구슬로 참가자들의 선호도를 결정하는 방식에 나는 동의하지 않는다. 가장 근본적으로, 아래로부터의 방식을 통해, 특정 관점으로부터 완전히 자유로운 객관적인 자료를 구축한다는 예수 세미나의 목표는 불가능하다고 생각한다. 예수 연구는 중립적으로, 아무런 전제 없이 이루어질 수 없다. 우리는 우리의 사회, 정치적 위치, 편견, 우리 자신의 무의식적인 필요, 혹은 우리가 가정한 것을 확인하고픈 욕구를 본문에 투영한다. 이러한 맥락에서 우리는 하이젠베르크의 원리를 진지하게 숙고해 보아야 한다. 관찰자는 그 자체로 관찰이라는 활동에 포함되어 있다. 그리고 관찰자가 관찰하는 순간 관찰은 방해받는다. 이는 예수가 누구였는지 '객관적으로' 말할 수 없음을 뜻한다. '객관적인 관점'은 그 자체로 모순이다. 모든 관점은 주관적이다. 우리는 언제나 특정 관심을 가지고 성서 본문으로 나아간다. 내가 본문을 읽을 때 그 본문은 읽는 나와 이해관계가 있다. 우리는 모두 본문을 해석할 때 도움을 주고, 또 방해하는 렌즈를 쓰고 있다. 예수에 대한 모든 묘사는 (모두 나름의 가치가 있다 할지라도) 긍정적이든 부정적이든 자기변호의 성격을 지니고 있으며 그러한 면에서 예수에 관한 모든 전기는 일종의 자기 변증서다. 진보적인 사람들은 진보적인 예수를, 보수적인 사람들은 보수적인 예수를, 경건주의자들은 경건주의자 예수를, 급진주의자들은 급진주의자 예수를, 무신론자들은 가능한 볼품없는 예수를 그리는 경향이 있을 것이다. 예수가 냉소적인 철학자였다고 믿는 학자들은 예수의 다른 면모를 드러내는 어떤 자료도 역사적인 자료로 여기지 않는 경향이 있다. 예수 세미나가 그랬다. 세미나의 투표에서 냉소주의 학파가 우세해지자 예수를 종말론적 예언자로 보는 학자들은 더는 세미나에 오지 않았고 그 결과 투표는 더 왜곡되었다. 결과적으로 세미나는 해방 신학이나 여성 신학이 드러낼 수 있는 새로운 관점을 부정했다. 예수 세미나 구성원에는 여성이 거의 없으며, 대부분 백인이기 때문이다. 예수 세미나에서 투표로 드러난 예수의 모습이 성서 연구에 관심이 있는 백인 중산층 교수와 흡사하다는 건 그리 놀라운 일이 아니다.

그렇기에 나는 객관적이고, 가치 판단에서 자유로운 역사적 예수 탐구를 포기했다. 대신 예수가 이 땅에서 일으킨, 새로운 충격을 탐구하고 있다. 그리고 충격을 담아내려 노력하고, 그 충격으로 일어난 흐름에 충실한 한, 그 역사적 유래가 어떠하든 전통을 가치 있게 여길 것이다. 같은 맥락에서 인자에 관한 책을 쓰며 나는 예수 세미나의 자료와 투표 결과를 무시할 것이다. 이 모든 점에도 불구하고 나는 지난 세월 세미나 구성원들과 나누었던 이야기들, 이야기를 나누며 발전한 우정을 소중히 여긴다. 예수 세미나는 성서학 동료들과 함께한 일 중 가장 보람 있는 일이었으며 세미나를 만든 로버트 펑크에게 감사를 전하고 싶다.

| 월터 윙크 저서 목록 |

- **John the Baptist in the Gospel Tradition** (Cambridge Univ. Press, 1968)
- **The Bible in Human Transformation: Toward a New Paradigm for Biblical Study** (Philadelphia: Fortress Press, 1973) 『성서는 변혁이다』(비아)
- **Transforming Bible Study: A Leader's Guide** (Nashville: Abingdon, 1980) 『영성 발달을 위한 창의적 성서 교육 방법: 인도자용 지침서』(한국신학연구소)
- **Naming the Powers: The Language of Power in the New Testament** (Philadelphia: Fortress Press, 1984)
- **Unmasking the Powers: The Invisible Forces That Determine Human Existence** (Philadelphia: Fortress Press, 1986) 『사탄의 가면을 벗겨라』(한국기독교연구소)
- **Violence and Nonviolence in South Africa** (Philadelphia: New Society Publishers, 1987)
- **Engaging the Powers: Discernment and Resistance in a World of Domination** (Minneapolis: Fortress Press, 1992) 『사탄의 체제와 예수의 비폭력』(한국기독교연구소)
- **Proclamation 5: Holy Week, Year B** (Minneapolis: Fortress Press, 1993)
- **Cracking the Gnostic Code: The Powers in Gnosticism** (Atlanta: Scholars Press, 1993)
- **When the Powers Fall: Reconciliation in the Healing of Nations** (Minneapolis: Fortress Press, 1998)
- **The Powers That Be: Theology for a New Millennium** (New York: Doubleday, 1999)

· **The Third Way: Reclaiming Jesus' Nonviolent Alternative** (Alkmaar, The Netherlands International Fellowship of Reconciliation, 1999)

· **The Human Being: Jesus and the Enigma of the Son of the Man** (Minneapolis: Fortress Press, 2002) 『참사람』(한국기독교연구소)

· **Jesus and Nonviolence: A Third Way** (Minneapolis: Fortress Press, 2003) 『예수와 비폭력 저항』(한국기독교연구소)

· **Just Jesus: my struggle to become Human** (New York: Crown Publishing, 2014)

성서는 변혁이다

- 성서 연구의 새로운 패러다임을 향하여

초판 1쇄 │ 2023년 3월 31일

지은이 │ 월터 윙크
옮긴이 │ 강성윤

발행처 │ 비아
발행인 │ 이길호
편집인 │ 이현은
편   집 │ 민경찬
검   토 │ 손승우 · 정다운 · 황윤하
제   작 │ 김진식 · 김진현 · 이난영
재   무 │ 황인수 · 이남구 · 김규리
마케팅 │ 김미성
디자인 │ 손승우

출판등록 │ 2020년 7월 14일 제2020-000187호
주   소 │ 서울시 강남구 봉은사로 442 75th Avenue 빌딩 7층
주문전화 │ 02-590-9842
이메일 │ viapublisher@gmail.com
ISBN │ 979-11-92769-21-9 (03230)
한국어판 저작권 ⓒ 2023 타임교육C&P